1781

Thaddäus Troll

Der himmlische Computer

und andere Geschichten
von droben und drunten,
von draußen und drinnen,
von hüben und drüben,
von daheim und unterwegs

Hoffmann und Campe

Von Thaddäus Troll erschienen:

Fliegen am Florett; Kleiner Auto-Knigge (1954) — Theater von hinten; Hilfe, die Eltern kommen! (1955) — Der Teufel auf Reisen (mit Jean Effel); Trostbüchlein für Männer (1956) — Lesebuch für Verliebte (1958) — Fahren Sie auch so gern Auto?; Wohl bekomm's! Das Buch der Getränke; Herrliche Aussichten (1959) — Reisen Sie auch so gern?; Reise ins Abenteuer (1960) — Das Neueste von Thaddäus Troll; Guten Appetit! Das Buch vom guten Essen (1961) — Lehrbuch für Snobs (1962) — Lehrbuch für Väter (1963) — Der Deutsche in seiner Karikatur (1964) — Genesungsgruß (1966) — Da lob ich mir den heitern Mann; Warum Theater?; Deutschland deine Schwaben (1967) — Wie man sich bettet (1968) — Der jüngste Streich; Kochen mit Thaddäus Troll; Das ist ja heiter; Stuttgart (1969) — Wie drei Herren angelsächsischer Herkunft anno 1854 durch Europa reisten (Vorwort und Übersetzung; 1970); — Kapuzinerpredigten; Kleine Lesereise; Wangen im Allgäu (1971) — Preisend mit viel schönen Reden (1972) — Wie man ein böß alt Weib wird, ohne seine Tugend zu verlieren; Urach und seine Alb (1975) — Wo komm' ich eigentlich her?; Wo kommet denn dia kloine Kinder her?; Der himmlische Computer (1974) — Vom Reiz der Landschaft; Heiterkeit als Lebenselixier; Warum sind die Schwaben anders, Thaddäus Troll? Eine Autorenbefragung von Hermann Sand; Fallobst; Ulm (1975) — Der Entaklemmer; Romantik in Europa (1976) — Das schwäbische Hutzelmännlein; Wie benehme ich mich am Steuer?; Stuttgarter Zeiten; Romantische Welt; Briefe zur Verteidigung der Republik (MV; 1977)

1. bis 15. Tausend 1978

Gesetzt aus der Korpus Garamond Antiqua
Satzherstellung: Hess Fotosatz GmbH, Hamburg
Druck- und Bindearbeiten: Gebr. Rasch, Bramsche
ISBN 3-455-07738-2 · Printed in Germany

Inhalt

Unglaubliches

Der himmlische Computer

Die weltweite Forderung, die Gesellschaft zu verändern, wirkte sich selbst im Paradies aus. Der Anspruch auf Mitbestimmung ging vom Mittelbau der Heiligen und Engel aus, die für gemäßigte Reformen eintraten; viel radikaler aber waren einfache Seelen, die, kaum vom Fegefeuer zur Himmelsreife geglüht, geradezu revolutionäre Ideen äußerten. Das Präsidium oben im Himmel regiere autoritär, während es unten auf Erden die Zügel arg lasch schleifen lasse, seit die Menschen mit der Erfindung der Kernspaltung den Weltuntergang in eigene Verantwortung übernommen hätten und jederzeit in der Lage wären, mit Hilfe der gehorteten Nuklearwaffen Gottes Schöpfung in die Luft zu sprengen.
Harte Kritik übte der Unterbau auch an der himmlischen Buchführung. Die Taten der Menschen würden willkürlich und subjektiv registriert, Wallfahrten, Fürbitten und Totenmessen bereinigten zu großzügig das himmlische Schuldenkonto schlimmer Sünder; Petrus, Chef der Buchhaltung und der Rezeption, übe sein Amt nach veralteten Prinzipien aus, was bei seiner unbewältigten Vergangenheit kein Wunder sei, denn er habe das Trauma des dreimaligen Hahnenschreis immer noch nicht verarbeitet. »Im Himmel menschelet es arg«, faßte die Seele eines schwäbischen Uhr-

machers das allgemeine Unbehagen in einem Satz zusammen.
Es wurde genährt durch Nachrichten aus der Hölle, wo man die mangelnde Arbeitsmoral der Teufel hinter dem großsprecherischen Begriff »Strafrechtsreform« tarnte. Die Gewerkschaft Pech und Schwefel hatte nämlich das freie Wochenende und die Vierzig-Stunden-Woche für das höllische Personal durchgesetzt, und selbst christliche Feiertage wie der Buß- und Bettag, oben kaum beachtet, wurden unten streng eingehalten. Zwei Tage in der Woche wurde die Hölle nicht geheizt, und auch der Montag war für die armen Seelen ein Tag der Ausspannung, da es lange dauerte, bis das übliche Betriebsklima wiederhergestellt war. Was von konservativen Himmelskreisen als Granatenschlamperei ausgelegt wurde, funktionierte man in der Hölle in den Begriff *Humanisierung des Strafvollzugs* um.
Der als Mitbestimmungsorgan zugelassene himmlische Senat bestand aus zwei Heiligen, zwei Engeln und drei Vertretern des Unterbaus: den Seelen eines Lokomotivführers, einer Sozialhelferin und eines Sektreisenden, dem das Fegefeuer erlassen worden war, weil er auf Erden seinen eigenen Sekt getrunken hatte. Der Senat schlug dem Präsidium die Anschaffung eines Computers vor, der die Taten jedes Menschen speichern und nach dessen Hinschied entscheiden solle, ob er rechts unter die Schafe oder links unter die Böcke einzureihen sei. Der Vorschlag wurde heftig kritisiert. Wenn einem Computer in einem medizinischen Zentrum ein Rechenfehler unterlaufe, so sei das weiter nicht schlimm und führe nur zum leiblichen Tod einiger Dutzend Patienten, wohingegen ein fehlerhafter Computer im Himmel die schwerere Verantwortung für eine irrtümliche ewige Verdammnis trage. Trotz diesem Einwand be-

schloß das Präsidium, ein elektronisches Rechengerät zunächst probeweise einzuführen, und bestellte ein solches bei IBM über eine Scheinfirma. Auf dem Transport zu dieser wurde der Computer in den Himmel entführt. Der Knall, der bei seinem leiblichen Durchbruch durch die Schallmauer entstand, war das letzte, was man auf Erden von ihm hörte. Zur Begleichung der Rechnung regnete es eine dicke Schicht purer Goldstücke in den Werkshof; da diese jedoch nicht ordnungsgemäß verbucht werden konnten und darüber hinaus auch noch ein großer Prozeß über das Eigentumsrecht an diesem Goldregen zwischen Geschäftsleitung, Betriebsrat, Land und Gemeinde ins Rollen kam, der ganze Generationen von Rechtsanwälten zu Wohlstand brachte, galt der Computer als gestohlen und die Rechnung als unbeglichen, was für die Firma keinen Verlust bedeutete, da eine Transportversicherung für den Schaden aufkam.

Im Paradies indessen ging man daran, den Computer zu programmieren. Dazu wurden zwei Kommissionen gebildet. Die erste arbeitete ein Punktsystem für gute Werke aus; ihr Vorsitzender war der heilige Pfarrer Jean-Baptiste von Ars, seine Stellvertreterin die heilige Elisabeth. Von den Mitgliedern der Kommission Sünden (Vorsitzender Paulus, Stellvertreter die heilige Afra) wurde eine intime Kenntnis der Materie erwartet; deshalb nahm man in diese Kommission vor allem Persönlichkeiten auf, die auf ein gewisses Vorleben vor ihrer Bekehrung zurückblicken konnten. Es soll hier nicht verschwiegen werden, daß die Sitzungen der Kommission Gute Werke weit weniger kurzweilig waren als die Sitzungen der Kommission Sünden, deren Mitglieder sich darin überboten, immer neue Variationen und Kombinationen von Sünden auszudenken, welche die Diskussion um den Punktwert recht fesselnd machten. Die Protokolle der Gute-Werke-Kommission wurden kaum gelesen, während die der Sündenkommission als Ersatz für fehlende erotische Literatur von Hand zu Hand gingen und Gegenstand vieler anregender paradiesischer Unterhaltungen bildeten.

Dann wurde der Computer zunächst mit den Bewertungstabellen gefüttert; anschließend wurden die Taten aller lebenden Menschen eingespeichert. Eine Hochrechnung über den vermutlichen Jahresausstoß an guten Seelen indes brachte ein niederschmetterndes Ergebnis. Nach dem eingespeicherten Bewertungsschema hatte die Hölle einen solchen Ansturm zu erwarten, daß sie sich nur durch einen Numerus clausus vor Überfüllung schützen konnte, während für das Paradies in kürzester Zeit ernsthafte Nachwuchssorgen zu befürchten waren.

Eine neue Kommission wurde berufen; Kirchenrechtler, die im Paradies allerdings nur in geringer Zahl verfügbar und nach irdischen Maßstäben unterrepräsentiert waren, wurden als Sachverständige zugezogen. Man kritisierte das Bewertungssystem. Die guten Taten seien zu niedrig, die Sünden zu hoch bewertet worden. Man schlug einen achtzigprozentigen allgemeinen Sündennachlaß vor, was als zu schematisch abgelehnt wurde, bis die schlichte gute Seele einer Weißnäherin aus Montbéliard den Fehler fand: Man hatte vergessen, den Begriff der Gnade einzuprogrammieren.

So war man zwar einen wesentlichen Schritt weitergekommen, strauchelte dann aber doch. Die würdigen Kirchenlehrer wußten zwar den Begriff der Gnade ziemlich genau zu definieren; ihn jedoch in eine mathematische Formel zu bringen, die ihn für den Computer faßbar gemacht hätte, gelang keinem der Sachverständigen. Man beschloß also, irdische Wissenschaftler zu befragen, was auf einen günstigen Zeitpunkt fiel, denn in Little Rock, Arkansas, fand gerade ein Kybernetikerkongreß statt, der Wissenschaftler aus Ost und West vereinigte, so daß bei einer Befragung wenigstens der politische Proporz gewahrt blieb. Wie aber die Verbindung aufnehmen, da kein direkter Draht zur Erde vorhanden war? Einen Engel zu schicken — solch himmlisches Federvieh hätte man doch nur für einen läppischen Einfall einer Werbeagentur fürs Weihnachtsgeschäft gehalten. So beschloß man, die Frage nach der mathematischen Definition des Begriffs Gnade durch eine Art Pfingstwunder an die Kybernetiker zu stellen. Aber wo man Klärung, Bewußtseinserhellung erwartet hatte, da vollzogen sich diese auf ganz unerwarteten Ebenen. Durch den himmlischen Einfluß erkannten die Kybernetiker die Fragwürdigkeit ihres Tuns, ließen davon ab und wandten sich anderen, sinnvolleren Tätigkeiten zu. Vor allem die in militärischen Diensten stehenden Raumfahrt- und Raketenforscher sahen ein, daß ihre Arbeit destruktiv gewesen war, und schauten sich nun nach konstruktiver Tätigkeit um. Zwar brachte der darauf folgende Zusammenbruch der Rüstungsindustrie vielen Aktionären herben Verlust. Auf der anderen Seite aber flossen nun alle Gelder, die für die total unrentable militärische Forschung und Aufrüstung ausgegeben worden waren, der Herstellung von Konsumgütern zu; die Arbeitszeit konnte verkürzt, die Löhne konnten erhöht werden, das Angebot an Lebensqualität wuchs, der Wohlstand breitete sich bis in die letzten Entwicklungsländer aus, kein Mensch auf der Welt brauchte mehr zu hungern oder zu frieren.

So hatte die wunderbare Anfrage der himmlischen Compu-

terkommission zwar der Menschheit reichen Segen und dem Himmel indirekt auch wieder Nutzen gebracht, da bei dem allgemeinen Wohlbehagen die Zahl der Sünden und Verbrechen stark zurückging; aber auch die Ratlosigkeit über den Gnadenbegriff hatte sie nur noch vergrößert. Man kam also bald zu der Erkenntnis, daß der Computer für den Himmel nicht geeignet sei und daß nichts anderes übrigbleibe, als die Taten der Menschen mit den alten, konservativen Methoden zu messen. Es galt nun vor allem, den Stau von Seelen, der sich während der Jahre der Experimente in den zugigen himmlischen Wartehallen angesammelt hatte, in einer raschen und großzügigen Abfertigung aufzulösen. Den Computer stellte man eines Nachts mit Hilfe eines erneuten Wunders in den Werkshof der IBM zurück.
Dort staunte man nicht schlecht und dachte, die vermeintlichen Diebe hätten, von Gewissensqualen übermannt, das Gerät zurückgebracht, das inzwischen allerdings durch den Fortschritt der Wissenschaft höchstens noch im Himmel brauchbar war, da es auf Erden nur noch Schrottwert hatte. Man schenkte es daher dem Deutschen Museum in München, wo es seitdem mit dem Vermerk »Bitte den Gegenstand nicht berühren« ausgestellt ist.
Besucher, die dieses Gebot nicht beachteten, hatten — da dem Computer noch die segensreiche Auswirkung seiner jahrelangen Verwendung am himmlischen Standort anhaftete — merkwürdige Erlebnisse. Ein Mädchen, das lispelte, verlor über Nacht seinen Sprachfehler; die Gattin eines Kunsthändlers, die Kontaktschwierigkeiten in der Ehe hatte, brauchte von Stund an die Couch des Psychotherapeuten nicht mehr zu strapazieren; einem Bankräuber, der im Deutschen Museum Materialstudien machte, wurde das gesamte Handwerkszeug aus dem Auto gestohlen.

Da die Betroffenen ihre Erlebnisse jedoch weder mit dem Berühren des Gegenstands in Zusammenhang brachten noch weitererzählten, ahnt niemand die geheime Kraft des Rechengeräts, das zu dumm war, das Wesen der Gnade zu begreifen.

Tobias und die Lügner

Tobias ging im Walde so für sich hin, als ihn plötzlich ein klägliches Winseln aus seinen Betrachtungen riß. Er lief den Tönen nach und entdeckte einen braunen Airedale-Terrier, der sich in einer Schlinge verfangen hatte, wie sie Wilderer auszulegen pflegen. Tobias befreite das Tier und war nicht wenig erstaunt, als es vor ihm sitzen blieb, das Maul öffnete und sagte: »Ich danke Ihnen, mein Herr. Sie sehen in mir nicht etwa einen icksbeliebigen Hund, sondern den staatlich geprüften Oberzauberer Abuhel, den es gelüstete, in der Gestalt eines Hundes zu lustwandeln. Leider war mir die Zauberformel für Schlingenlösen entfallen. Ich wäre eines elenden Todes gestorben, wenn Sie, verehrter Herr, mich nicht befreit hätten. Als Dank sei Ihnen ein Wunsch gewährt, der sich erfüllen wird.«
Tobias, kein Materialist, besann sich nicht lange und sagte: »Ich möchte, daß morgen für alle Menschen, die in meiner Stadt wohnen und die eine Lüge sagen oder schreiben, die Schwerkraft aufgehoben ist.«
»Es sei«, sprach Abuhel und war wie vom Waldboden verschlungen.
Am anderen Tag ereigneten sich in der Stadt merkwürdige Dinge. Es begann damit, daß Tobias' Reinemachefrau, ihm einen guten Morgen wünschend, sagte, sie sei heute schon

eine Stunde früher gekommen, als er noch tief geschlafen gehabe. Da flog sie wie ein Luftballon gegen die Decke, wo sie mit dem Staubsauger hing, bis es nachts zwölf Uhr schlug. Der dickbäuchige Herr Knotzke, der Tobias 100 Mark schuldete, ihm auf der Straße begegnete, beide Hände schüttelte und sagte: »Wie freue ich mich, Sie wieder einmal zu sehen«, freute sich nicht lange, denn kaum hatte er den Satz ausgesprochen, so flog er in die Luft, und der Wind trug ihn von dannen.

Es ging in der Stadt turbulent zu. Bei den Zeitungen löste sich ein Setzer nach dem anderen von seinem Arbeitsplatz und flog davon, den in aller Frühe verschwundenen Redakteuren nach. Als der Chefredakteur mit dem Kultusminister telefonierte und ihm sagte, seine Pläne zur Hochschulreform seien wirklich fortschrittlich, da brach die Verbindung plötzlich ab, weil der Redakteur so heftig nach oben gezerrt wurde, daß die Telefonleitung riß. Kleine silberne Halbmonde flimmerten in der Morgensonne himmelwärts; es war der Buchstabe C einer Partei, die diesen Buchstaben wahrhaft vergeblich in ihren Schildern führte.

Um die Mittagszeit stand fast niemand mehr auf dem Boden der Tatsachen. Im Parlament flog ein Redner nach dem anderen gegen die Kuppel, in der die Abgeordneten in dicken Trauben hingen. Und als ein Parteiführer seine Ansprache mit den Worten begann: »Meine Partei steht unumwunden auf dem Boden echter Demokratie« und ihm seine Spezis den befohlenen einstimmigen Beifall zollten, durchbrach die Fraktion geschlossen das Glasdach des Sitzungssaales und wurde ohne Fristenlösung zur Freude des Landes vom Westwind in den bösen Osten abgetrieben. Die Menschen entschwebten wie Vogelschwärme, oder sie hingen, wenn sie das Glück hatten, sich in geschlossenen

Räumen zu befinden, an deren oberen Grenzflächen. Einzig ein paar Nonnen, ein pensionierter Beamter und zwei schlohweiße Unternehmer blieben der Schwerkraft unterworfen; als jedoch der eine von ihnen so unvorsichtig war, an diesem Tag seine Steuererklärung abzugeben, kam auch er in den Genuß der Schwerelosigkeit. Briefschreiber lösten sich spätestens bei der Schlußfloskel »mit vorzüglicher Hochachtung« von ihren Sitzen. Schon kurz nach Sonnenaufgang waren alle Syndici von Interessenverbänden in höheren Regionen, ganz zu schweigen von denen, die an diesem Tag eidesstattliche Erklärungen abgaben. Ein verhinderter Bundeskanzler, der sagte, in der Opposition fühle er sich unter guten Parteifreunden richtig wohl, wurde schon bei den ersten Worten so heftig nach oben gerissen, daß er mit einem gewaltigen Knall die Schallmauer durchbrach. Aber auch der Regierungssprecher, der erklärte, Abgeordnete stimmten ohne Fraktionszwang nur nach ihrem Gewissen ab, glich einem startenden Hubschrauber. Väter, die sich über die Zeugnisse ihrer Kinder erregten und sich, ihre Sprößlinge mahnend, an ihre eigenen, viel besseren erinnerten, bezahlten diesen trügerischen Blick in die Vergangenheit mit einer vom Plafond geschlagenen Beule. Alte Damen, die bis zum Nachmittagskaffee den Boden unter den Füßen behalten hatten, schwebten mit kleinen spitzen Schreien und raschelnden Röcken nach oben, als sie das zweite Stückchen Kuchen mit der Begründung ablehnten, sie seien schon satt. Drei Zeugen vor Gericht brachen sich beim Eid, nach oben getrieben, ein bis zwei Schwurfinger.

Am Abend war die Stadt wie ausgestorben. Der Tag hatte selbst in die Reihen der Geistlichkeit schwere Lücken gerissen. Ein Pastor wurde nur vom Kanzelhimmel davon abgehalten, ins Kirchenschiff zu entschweben, als er beim stillen

Gebet auf vierzig zählte. Ein Maler, der heftig stotterte und deshalb bis zum Abend auf dem Boden geblieben war, flog noch davon, als er ein Schild »Gasthof Adler nur 5 Minuten« malte. Der Schwerkraft unterworfen blieben nur ein paar Kinder, die noch nicht sprechen konnten, alle Tiere, drei Straßenmädchen, fast alle Dichter, die Insassen des Irrenhauses außer dem Pflegepersonal, einige Schauspieler und die Betrunkenen, die letzteren teilweise sogar recht heftig.

Tobias selbst hielt sich recht und schlecht bis kurz vor Mitternacht, als er zu sich selbst sagte, er habe diesen Wunsch geäußert, nicht um seine Mitmenschen zu blamieren, sondern um sie zu bessern. Da flog er sanft gegen den leise klirrenden Kronleuchter.

Schlag zwölf Uhr kamen sie dann alle wieder herunter. Wer aber glaubt, daß seither in der Stadt weniger gelogen wird, der irrt sich.

Rotkäppchen, in amtlichem Sprachgut beinhaltet

Im Kinderanfall unserer Stadtgemeinde ist eine hierorts wohnhafte, noch unbeschulte Minderjährige aktenkundig, welche durch ihre unübliche Kopfbekleidung gewohnheitsmäßig Rotkäppchen genannt zu werden pflegt. Der Mutter besagter R. wurde seitens von deren Mutter ein Schreiben zustellig gemacht, in welchem dieselbe Mitteilung ihrer Krankheit und Pflegebedürftigkeit machte, worauf die Mutter der R. dieser die Auflage machte, der Großmutter eine Sendung von Nahrungs- und Genußmitteln zu Genesungszwecken zuzustellen.

Vor ihrer Inmarschsetzung wurde die R. seitens ihrer Mutter über das Verbot betreffs Verlassens der Waldwege auf Kreisebene belehrt. Dieselbe machte sich infolge Nichtbeachtung dieser Vorschrift straffällig und begegnete beim Übertreten des amtlichen Blumenpflückverbotes einem polizeilich nicht gemeldeten Wolf ohne festen Wohnsitz. Dieser verlangte in gesetzwidriger Amtsanmaßung Einsichtnahme in das zu Transportzwecken von Konsumgütern dienende Korbbehältnis und traf in Tötungsabsicht die Feststellung, daß die R. zu ihrer verschwägerten und verwandten, im Baumbestand angemieteten Großmutter eilend war.

Da seitens des Wolfes Verknappungen auf dem Ernährungssektor vorherrschend waren, faßte er den Beschluß, bei der Großmutter der R. unter Vorlage falscher Papiere vorsprachig zu werden. Weil dieselbe wegen Augenleidens krank geschrieben war, gelang dem in Freßvorbereitung befindlichen Untier die diesfallsige Täuschungsabsicht, worauf es unter Verschlingung der Bettlägerigen einen strafbaren Mundraub zur Durchführung brachte.

Ferner täuschte das Tier bei der später eintreffenden R. seine Identität mit der Großmutter vor, stellte ersterer nach und stellte in der Folge durch Zweitverschlingung der R. seinen Tötungsvorsatz erneut unter Beweis.

Der sich auf einem Dienstgang befindliche und im Forstwesen zuständige Waldbeamte B. vernahm Schnarchgeräusche und stellte deren Urheberschaft seitens des Tiermaules fest. Er reichte bei seiner vorgesetzten Dienststelle ein Tötungsgesuch ein, das dortseits zuschlägig beschieden und pro Schuß bezuschußt wurde. Nach Beschaffung einer Pulverschießvorrichtung zu Jagdzwecken gab er in wahrgenommener Einflußnahme auf das Raubwesen einen Schuß ab.

Dieses wurde in Fortführung der Raubtiervernichtungsaktion auf Kreisebene nach Empfangnahme des Geschosses ablebig. Die gespreizte Beinhaltung des Totgutes weckte in dem Schußgeber die Vermutung, daß der Leichnam Menschenmaterial beinhalte. Zwecks diesbezüglicher Feststellung öffnete er unter Zuhilfenahme eines Messers den Kadaver zur Totvermarktung und stieß hierbei auf die noch lebhafte R. nebst beigehefteter Großmutter. Durch die unverhoffte Wiederbelebung bemächtigte sich beider Personen ein gesteigertes, amtlich nicht zulässiges Lebensgefühl, dem sie durch groben Unfug, öffentliches Ärgernis erregenden Lärm und Nichtbeachtung anderer Polizeiverordnungen Ausdruck verliehen, was ihre Haftpflichtigmachung zur Folge hatte. Der Vorfall wurde von den kulturschaffenden Gebrüdern Grimm zu Protokoll genommen und starkbekinderten Familien in Märchenform zustellig gemacht. Wenn die Beteiligten nicht durch Hinschied abgegangen und in Fortfall gekommen sind, sind dieselben derzeitig noch lebhaft.

★

P.S. Die vorliegende Collage aus amtsdeutschen Klischees ist erdichtet. Wahr aber ist das folgende Exempel sympathischen Amtsdeutschs.

Eine junge Frau in Bayrisch-Schwaben wurde wegen *Erregen öffentlichen Ärgernisses* angezeigt. Diese junge Frau kam unbekleidet aus dem Badezimmer (was manche Schwäbin schon als Zeugnis äußerster moralischer Verkommenheit zu werten nur allzu rasch bereit wäre), als ihr Mann etwas zu trinken verlangte. Folgsam brachte sie aus dem Kühlschrank Orangensaft, aber der war angegoren. Der schwäbische Adam ließ sich autoritär zu einer Drohgebärde gegen die schwäbische Eva hinreißen, worauf diese, die den Jähzorn ihres Mannes kannte, wie sie war, um Hilfe rufend auf die Straße lief. Nachbarinnen hatten kein Verständnis für ihren Notstand und zeigten sie an. Aber der Richter urteilte galant, was einigen Zweifel zuließe, ob er wirklich ein Schwabe war. Er begründete seinen Freispruch wörtlich so: »Wenn eine gutaussehende Frau in mehr als leichtbekleidetem Zuschtand auf nächtlicher Schtraße Lärm macht, dann ischt für die Nachbarn diese akuschtische Beläschtigung durch den optischen Genuß ausgeglichen. Die Ruheschtörerin wird deshalb freigeschprochen.«

Die Dampfwalze

Kascheks und Wolinskis waren die beiden reichsten Familien in der Stadt, und sie legten auch großen Wert darauf, daß ihr Reichtum ruchbar war. Deshalb bestand zwischen ihnen ein stiller, aber erbitterter Wettstreit, in dem jede Partei das Ziel verfolgte, die Wohlhabenheit möglichst laut zu demonstrieren.

Kaum hatten sich Wolinskis einen ausgestopften Eisbären gekauft, der ein silbernes Tablett hielt, um die Visitenkarten der Besucher entgegenzunehmen, da ließen auch schon Kascheks ihren Gartenzwergen echte Goldplomben einsetzen. Wolinskis kauften sich einen Pinscher namens Adelaide, dessen Stammbaum auf einen Schoßhund Katharinas der Großen zurückging, und ließen ihm vom ersten Kürschner einen Schonbezug aus Nerz arbeiten. Kascheks schenkten daraufhin bei einer großen Gesellschaft von einem richtigen Fürsten gepanschten Wein aus Flaschen aus, die mit künstlichen Spinnweben aus Schantungseide überzogen waren, auf denen echter Diamantstaub lag.

Auch mit den Autos, die sie fuhren, suchten sie sich gegenseitig zu übertrumpfen, bis Wolinskis sich einen »Super-Leo-700« gekauft hatten, dessen Kühlerfigur aus einer Kolossalbüste Benjamin Franklins bestand, in der eine Spieluhr »O sole mio« spielte. Beim ersten Sonnenstrahl ver-

senkte sich das Verdeck automatisch und schloß sich ebenso beim ersten Regentropfen. Leider konnte der Wagen Neonlicht nicht von der Sonne unterscheiden. Er litt deshalb bei Stadtfahrten in regnerischen Nächten an nervösen Störungen. Das Dach zuckte auf und zu wie ein Augenlid. Einem berühmten Psychiater gelang es schließlich, den Dachschaden zu beheben.
Dieses Auto war unübertrefflich. Kascheks hatten nur einen »Windhund-73-Sport«, der allerdings so schnell fuhr, daß die Insassen eingeschraubt werden mußten, um bei der immensen Beschleunigung nicht herausgeschleudert zu werden. Aber der Windhund konnte sich mit dem Super-Leo nicht messen. Frau Emma Kaschek bekam einen Weinkrampf, und Stanislaus Kascheks Kinder Erikaheide und Giselheradolf erklärten dem Vater, sie könnten sich in ihrem Tanzklub nicht mehr sehen lassen, wenn er nicht sofort ein dem Super-Leo überlegenes Auto kaufe.
Stanislaus Kaschek dachte an einen Panzer mit Bordkanone und zwei Maschinengewehren, der sicher teurer war als Wolinskis Supergefährt. Als realistisch denkender Geschäftsmann hoffte er, diesen Panzer von der Steuer absetzen zu dürfen, weil man ja dem Finanzamt erklären könne, daß man bei den heutigen Methoden des Konkurrenzkampfs solche Waffen einsetzen müsse. Aber keine Waffenhandlung, kein Autogeschäft, nicht einmal der Quelle-Katalog bot einen Panzer an.
Eines Tages teilte Herr Kaschek seiner Familie mit, er habe eine Dampfwalze, ein älteres Modell, als Gelegenheitskauf erstanden, mit der man Wolinskis Super-Leo Konkurrenz machen könne. Die Familie zog lange Gesichter. Aber Herr Kaschek erklärte, eine Dampfwalze sei sicher das schwerste und verkehrssicherste Fahrzeug, das jedem Anprall gewach-

sen sei, und man solle ihn nur machen lassen, er werde das Ding schon auffrisieren.

Das tat er. Er ließ die Dampfwalze mit einer über und über verchromten Karosserie verkleiden, auf die das Wappen der Kascheks (ein Schrotthaufen auf goldenem Grund) gemalt war. Er ließ Stoßdämpfer, die in Rosenöl gebettet waren, einbauen und wechselte die rohen Antriebsriemen gegen solche aus Eidechsenleder aus. Ein Fünfklanghorn posaunte ein Motiv aus »My Fair Lady«. Die eingebauten Liegesessel waren mit flandrischen Gobelins bezogen, die aus einer der besten Fälscherwerkstätten Brüssels stammten.

Der Tag der ersten Ausfahrt rückte näher. Man beschloß, Tante Frida, eine Schwester Frau Kascheks, zu besuchen. Ihre Ehe mit einem Generalmusikdirektor, der für Geld den Taktstock schwang, war zwar eine Mesalliance, aber die Tante wohnte nur zwanzig Kilometer entfernt, und das war für einen Ausflug mit der Dampfwalze ganz günstig.

Ein Heizer in weißer Livree heizte die Dampfwalze an. Frau Kaschek behängte sich mit zwei Pfund Juwelen, die in der Farbe zu dem Gefährt paßten. Stanislaus Kaschek chauffierte selbst, und die Kinder taten sich an der Hausbar gütlich. Man fuhr erst an Wolinskis Haus vorbei und ließ das Fünfklanghorn ertönen, um Aufsehen zu erregen. Dann fuhr man auf die Autobahn. Die chromfunkelnde Dampfwalze wurde viel überholt, wirkte aber als Sensation. Kascheks hatten Wolinskis eindeutig geschlagen.

Auf der Autobahn übernahm Giselheradolf das Steuerrad und probierte aus, ob die Dampfwalze auch geländegängig sei. Sie war es. Giselheradolf walzte Wiesen, Felder, Gartenzäune, Büsche und Beete nieder. Aus Jux fuhr er in ein Schaufenster und verbeulte parkende Autos. Erikaheide, die eine romantische Natur war, bat ihren Bruder, eine Katze oder ein Huhn für ihr Poesiealbum zu pressen. Aber das war platterdings unmöglich, weil die Tiere schneller waren als die Walze.

So kam man zu Tante Frida, walzte ihren Garten nieder und die Haustür ein, um zu zeigen, welche Kraft in dem neuen Gefährt stecke. Es war ein langweiliger Nachmittag, denn die Verwandten waren ziemlich ungebildet; sie wußten nicht einmal, daß Beckenbauer nicht mehr in der Nationalmannschaft spielte, und verwechselten Curd mit Udo Jürgens. So wollte keine rechte Unterhaltung in Fluß kommen.

Kascheks walzten deshalb ziemlich früh wieder nach Hause. Sie ließen es sich nicht nehmen, wieder bei Wolinskis vorbeizufahren. Da stand Adelaide, der Schoßhund aus altem Geschlecht, in seinem Schonbezug aus Nerz auf der Straße und zitterte still vor sich hin. Giselheradolf gab Dampf, und Adelaide, viel zu degeneriert für einen Seitensprung, wurde niedergewalzt. Erikaheide, die einen feinen Sinn für Humor hatte, schob das recht flach gewordene Tier wie eine Zeitung unter Wolinskis Haustür durch.

Auf diesen Vorfall hin brach zwischen den Familien eine Todfeindschaft aus, die im Geschäftsleben ausgefochten wurde. Stanislaus Kaschek und Scharnhorst Wolinski unterboten sich gegenseitig beim Verkauf und überboten sich beim Einkauf. Sie trieben es so auf die Spitze, daß sogar ihre Handelsspanne negativ wurde. Beide Firmen siechten dem Konkurs entgegen.

Emma Kaschek versuchte die Dampfwalze nutzbringend einzusetzen, indem sie das Gefährt als Blumenpresse und Wäschemangel verwendete. Sie probierte auch, damit Nudelteig auszuwalzen, Aber auch das hielt den Konkurs nicht auf. Bei Wolinskis kam die Mumie Adelaidens, die als

Bettvorleger gedient hatte, zusammen mit dem Eisbären unter den Hammer. Auch die Dampfwalze wurde das Objekt einer Zwangsversteigerung, brachte aber nur einen geringen Zuschlag ein.
Eine Baufirma entkleidete die Walze ihres Chroms und ihres wertvollen Zubehörs und führte sie wieder ihrer ursprünglichen Bestimmung zu. Auf der Bundesstraße 517, die alljährlich an chronischen Frostaufbrüchen leidet, dient sie jetzt als Bügeleisen für den Schotter, der in die Wunden der Straße gestreut wird.
Niemand aber ahnt, daß diese Dampfwalze schon bessere Tage gesehen hat.

Glaubhaftes

Wie wirke ich originell?

Anders sein als die anderen — das ist im Zeitalter der Vermassung ein Ziel, aufs innigste zu wünschen.
Wenn Heerwürmer sich zusammenrotten, um die Hauptstraßen Mitteleuropas zu bereisen, wenn der oft verstopfte Brenner zum Brennpunkt wird, der mit magischer Gewalt die Invasoren aus dem Norden anzieht, dann gibt es immer noch abseits der Hauptstraße Platz, viel Platz für Leute, die unter sich sein wollen. Platz auch für Snobs.
Unsere Konsumgewohnheiten gleichen sich immer mehr an. Sogar im Eros. Wunschbild des männlichen Geschlechts (soweit seine Mitglieder noch nicht aus diesem ausgetreten sind) ist das kinematografierte, infantile Weibchen, ein geistig unterentwickeltes Wesen mit halbgeöffnetem Schmollmund, das nichts Hervorragendes an sich hat außer dem, was es unter dem zu engen Pullover zeigt; das entweder träge Sinnlichkeit oder gelangweilte Frigidität verspricht; eine platonische Geliebte, bei welcher der fruströs neurotische Partner nichts zu halten braucht.
Der Originalitätssnob sagt: »Ich habe keinen Typ. Und wenn ich einen hätte, dann Alice Schwarzer oder Rosa von Praunheim.« Und zu einer Dame, die nicht nur einen Flirt wert wäre: »Wie schade, daß man mit Ihnen nicht flirten kann.Ich bin eben so anders als andere Männer.« Das ist be-

sonders raffiniert. Denn da heute viele Männer anders sind, ist der, der anders als die anderen ist, für eine Frau besonders erstrebenswert. Deshalb ist der Ausspruch »Ich bin so ordinär normal« für einen Supersnob besonders originell. Fast besser noch als »Ich wasche mich nie«.

Führt der Snob eine gute Ehe, so behauptet er: »Jeder Mann möchte seine Frau von Zeit zu Zeit totschlagen.« Ist er ein vorbildlicher Familienvater, so gibt er mit dem Ausspruch »Kinder sind mir widerlich« der Gesellschaft reichen Gesprächsstoff. Hat er jedoch ein bewegtes Leben hinter sich, so sagt er: »Ich sammle Schwiegermütter wie andere Leute Briefmarken.«

Übt der Snob einen geistigen Beruf (Kammermusiker oder -jäger, Weinhändler, Dichter, Oberkellner oder -regierungsrat, Universitätsprofessor) aus, so behauptet er kühn: »Mein Hobby ist das Sammeln von Hundertmarkscheinen.« Sammeln sich jedoch diese, ohne daß er viel dazu zu tun braucht (bei Karnevalsprinzen, Schnulzensängerinnen, Aufsichtsräten, Volksfestwirten, Medizinalräten, Bundesligaspielern), auf seinem Konto, so zeigt er die Verachtung für schnöden Mammon: »Ich mache mir aus Geld gar nichts! Man kann doch nicht mehr als zwei Steaks zum Frühstück essen!«

Erzählt ihm in Gesellschaft eine Gesprächspartnerin, wie schwer vor jedem Wochenende die Entscheidung falle, ob man das Chalet in Ascona, das Weekendhaus in Freudenstadt, den Bungalow auf Sylt, den Sommersitz in Portofino oder die Villa an der Costa Brava anfliegen solle, so sagt der Snob schlicht: »Ich habe mir eine bescheidene Zweisiedelei im Bayrischen Wald gebaut. Aber wir bewohnen in dieser Saison nur das Mezzanin im rechten Flügel.« Der Eigenheimsnob erklärt: »Mein Architekt hat mir geraten, eine neue Frau zu suchen. Die jetzige paßt nicht mehr zu der betont schlichten statischen Funktion des Hauses.«

Wer es zu etwas gebracht hat, beweist das mit einem Wagen, der sich konservativ gebärdet. Die Lieferfirma sei so reizend versnobt, daß sie auf die Beschwerde, man beschmutze sich beim Öffnen des Tanks die Finger, entgegne: »Wer unseren Wagen fährt, öffnet niemals eigenhändig den Tankverschluß.« Was bleibt da dem Originalitätssnob anderes übrig, als entweder ein neurotisches Auto mit vollautomatischen Fehlern oder jenen schlichten Ausländer zu fahren, dem seine zwei PS den trefflichen Namen Döschwo eingetragen haben? In brenzligen Situationen, in denen andere Fahrer dem Snob drohen, ihm das Nasenbein einzuschlagen, erwidert dieser höflich und leise: »Ich werde es für Sie tun.«

Auch in seiner politischen Haltung fällt der Originalitätssnob aus dem Rahmen. Galt es früher als schick, als Linksradikaler aufzutreten, so ist das heute viel zu abgeschmackt. Auch der Ausspruch »Ich stehe ziemlich weit links« ist, seit die Linksparteien das rechte Mittelmaß gefunden haben, nicht mehr originell. Wer sich zur »heimatlosen Linken« bekennt, bringt sich in den Ruf einsamer Nostalgie. Doch lasse man diesen Ruf nicht allzu hörbar werden, da man sonst als Sympathisant gebrandmarkt wird und es im Telefon knackt. Geht der Snob zur Bärenjagd in den Balkan, so stiftet er zuvor ein paar Scheine für den »Verein zur Abtragung der Schandmauer«.

Je mehr er verdient, um so mehr nimmt der Snob Ärgernis an Leuten, die immer noch viel verdienen. Gleich einem Karl Moor zeigt er Verachtung für dieses fetttriefende Jahrhundert, das nur für üppige Tafeln und ekles Feilschen Sinn habe. Den Abscheu am Wohlstand teilt er mit jenen

Kabarettisten, die aus ihrem weißen Porsche kurz mal auf die Barrikaden steigen und ihren Degout an Leuten, die nichts als Auto und Fernsehen im Kopf haben, für einen größeren Scheck an den Mann bringen.
Der Anti-Telewischen-Snob, der behauptet, Fernsehen töte das Tischgespräch und verflache den Geschmack, wird immer seltener. Es gehört schon viel Mut dazu, um auf die Frage »Haben Sie gestern Karajan gehört?« zu antworten: »Nein, wir musizieren selbst.« Noch kühner: »Nein, wir können uns keinen Fernsehapparat leisten.«
Ehemals gehörten Tennis, Golf, Polo und Segeln zu den von Snobs bevorzugten Sportarten. Aber seit auch exklusive Klubs von Neo-Protzkisten unterwandert sind, antwortet der echte Snob auf die Frage »Kennen Sie den Poloplatz von Taormina?« mit der Bemerkung: »Nein — ich spiele weder Polo, noch war ich in Taormina.« Oder ganz kühn: »Für mich ist ein gesundes Liebesleben die beste Vorbeugung gegen lästige sportliche Betätigung.«
Ein hämischer Kollege fragte einmal einen Schriftsteller: »Wissen Sie, daß Sie miserabel schreiben?« Obgleich diese Frage rein rhetorisch war und keine Antwort erwartete, kam eine solche, reizend versnobt: »Ich weiß es wohl. Aber sagen Sie es nicht so laut. Meine Leser wissen es nämlich nicht.« Es wäre grob, hinzuzufügen: »Bei Ihnen ist es umgekehrt!« Dieses Beispiel brillanten Snobismus ist leicht auf andere Branchen zu übertragen.
Zum Schluß ein Bekenntnis: Ich bin ein Pointensnob. Bei einer Fahrt durchs Land lief mir einmal ein von allen guten Geistern verlassener Mann in die Quere, der so markig wirkte, wie man nur zwischen Hannover und Braunschweig wirken kann. Er zeichnete sich durch jene Forschheit aus, die ein fast lebenslänglicher Militärdienst hinterläßt. An seiner

Seite ging ein Mädchen, das in jenen Kreisen Mädel heißt und dem man den Leitsatz der Erziehung »Halt dich gerade!« ansah. Ich trat hart auf die Bremse, um ein Heldenleben nebst Nachwuchs zu erhalten. Der würdige Herr war darüber so erschrocken, daß er mit dem Spazierstock auf mein Auto schlug und sich wütender Beschimpfungen entledigte, die stilgemäß zu erwidern es mir an der schnarrenden Stimme mangelte. Ziemlich kleinlaut fuhr ich weiter, und erst nach vier Kilometern fiel mir eine passende Antwort ein.

Ich fuhr zurück, mit Herzklopfen, denn ich gehöre zu den Menschen, bei denen eine Pointe, die nicht an den Mann gebracht werden kann, wie eine verschluckte Gräte wirkt und zu schweren Gesundheitsschäden führen kann. Glücklicherweise traf ich das würdige Paar noch. Ich kurbelte das Fenster herunter und sagte: »Ich weiß, weshalb Sie so undiszipliniert sind. Sie haben sicher nie gedient.« Mir ist noch nie ein Mensch begegnet, dem man es so ansah, daß er sich bis ins innerste Mark der Ehre verkannt fühlte.

Aber jedesmal wenn ich diese Geschichte erzähle, schwindle ich. Ich behaupte, ich hätte das Paar nicht mehr gefunden. Meine Pointe sei verpufft wie eine Rakete auf Kap Canaveral.

Sie können daraus schließen: Ich bin ein Understatement-Snob. Ein Minusprotz. Ein Tiefstapler.

Und das sind die Schlimmsten!

Sitzen und sitzen lassen

Das Sitzen findet je nach Vermögen auf zwei bis vier Buchstaben statt. Leute mit gelber, schwarzer oder roter Hautfarbe pflegen gern im Parterre Platz zu nehmen, während die Weißen seit mehr als zweitausend Jahren daran gewöhnt sind, sich eine Sitzgelegenheit unter ihren Unaussprechlichen zu schieben. Diese Sitzgelegenheiten machen ihnen oft buchstäbliche Ungelegenheiten. Zum Beispiel wenn sie wackeln oder wenn die Motten drin sind.

Es gibt wohl kaum eine Sitzgelegenheit, die sich die Menschen hätten entgehen lassen. Besitzen sie doch Bänke und Stühle, Sofas und Sessel, Recamieren und Kanapees, Barhocker, Schemel und Sitzkissen, Throne und Armesünderbänkchen, Hochsitze, Rollstühle, Orchestersessel und Sänften. Der Apostel Petrus zimmerte den Heiligen Stuhl der katholischen Kirche, die neben dem Beichtstuhl die Misericordie geschaffen hat, jene apostrophierte Form der Sitzgelegenheit, die es als verschämte winzige Lehne im hochgeklappten Chorgestühl den Mönchen erleichtert, allzu lange Andachten zu überstehen. Für Männlein und Weiblein, die gern fröhlich beisammen sein und einander lieb haben wollen, empfiehlt sich — natürlich aus Frankreich! — die Causeuse, ein zweisitziger Plauderstuhl. Wer es vorzieht, für sich allein zu kuscheln, überlasse sich einem aufgeblasenen

Plastikmodell oder einem mit künstlichen Kullererbsen gefüllten Ledersack, der sich dem jeweiligen Allerwertesten maßgerecht anschmiegt. Äußerste Einsamkeit verspricht der elektrische Stuhl. Der hat allerdings den Nachteil, daß er den Sitzenden nicht mehr aufstehen läßt. Als Gegenstück präsentiert sich der zahnärztliche Stuhl; er macht das Aufstehen erst zu einem Genuß.

Nichts geht über die Gemütlichkeit eines großväterlichen Ohrensessels, womöglich in abgeschabtem Leder oder dunkelrotem Plüsch. Der Schaukelstuhl ist eine gedrechselte Aufforderung zum Klären und Meditieren, während der Drehstuhl den Ansprüchen beweglicher Charaktere gerecht zu werden versucht. Stühlen, die aufgrund von Damast- oder Gobelinbezügen und Wurmstichen im Verdacht stehen, besonders wertvoll zu sein, stülpen manche Leute gern faltenreiche Hüllen über. Solche Hüllen schonen nicht nur die Armlehnen — dazu genügen kleine Häkeldeckchen —, sie erregen in jedem Besucher die Neugier, ob nicht wirklich exquisite Möbelstücke darunter stecken.

Es ist wie mit den verschleierten Damen aus dem Morgenlande. Die wissen nämlich recht gut, daß bloßgestellte Reize auf den Betrachter niemals so stark wirken wie die Ankurbelung seiner Phantasie. Zuoberst von allen Sitzgelegenheiten rangieren jene kleinen Sesselchen, die, aufgehängt an festen Drahtseilen, den zwischen Himmel und Erde schwebenden Sitzpassagier in schwindelnde Höhen liften. Welch ein Landschaftserlebnis vermitteln sie ihm unter den eigenen, lässig baumelnden Beinen!

Jeder Stuhl zeigt dem, der ihn mit offenen Augen betrachtet, ein individuelles Gesicht. Der amerikanische Zeichner Saul Steinberg — er sitzet, da die Spötter sitzen! — erfindet in seinen Cartoons groteske Mesalliancen von Stühlen. Mit

Vorliebe rückt er korpulente Großvätersessel, deren Beine womöglich in Löwentatzen enden, in die Nachbarschaft stromlinientreuer Sitzgebilde aus Stahl und Nylon.
Förmliche Zugeständnisse an Sitzmöbel können ungeahnte Folgen haben. Im Speisesaal der einstmals Böcklinschen Villa Bencista in Fiesole standen an schmalen Tischen vierzig einfache Holzstühle, die sich alle voneinander unterschieden. Eine Lehne war schmucklos und steil, die andere mit Holzknöpfen verschnörkelt, diese endete in zwei Schnecken, jener waren Rillen eingekratzt, hier protzte eine mit einem Lochmuster, dort zeigte die andere parallele Stäbe. Vierzig unauffällige Stühle jenseits von Schön und Häßlich — vierzig verschiedene Gesichter!
Welche Fülle von Sitzmöglichkeiten, wenn man bedenkt, daß man schließlich auch zwischen zwei Stühlen sitzen kann, in der Patsche oder gar hinter Gittern. Wenn einer auf seinem Standpunkt besteht, aber politisch nicht richtig liegt, muß er entweder gehen oder sitzen. Das lehrt uns die Geschichte. Vorsitzende und Beisitzer zitieren das Gesetzbuch, wenn sie andere etwas absitzen lassen. Schulkinder sitzen nach und mittelmäßige Parteifunktionäre fest im Sattel. Verliebte sitzen einander zu Füßen oder auf dem Schoße, bis einer den anderen sitzenläßt.
Im Jogasitz kann man seinen Geist von der Verstrickung in die Welt befreien. Es kommt eben alles auf den Sitz an. Viele sind besessen — doch glücklich ist, wer einen sitzen hat!

Zeugnis für eine perfekte Sekretärin

Sieben Jahre lang hat Fräulein W. M. für mich aus dem unreinen ins reine geschrieben und kann deshalb auf einige hundert Meter verbrauchten Farb- und Tonbands und ein unfaßbares Maß zerschlissener Nerven hoffentlich nicht im Zorn zurückblicken. Vertraut mit allen Büroarbeiten und mit den Launen des Chefs, handhabte sie mit großem Geschick das Dikta- und das Telefon, wußte wichtige Menschen von wichtigtuerischen zu unterscheiden und verfügte über Herzens- und kaufmännische Bildung. In der langen Zeit der Zusammenarbeit hat sie alle Schwächen ihres Chefs kennengelernt, jedoch nie merken lassen, daß sie solche bemerkte. Seinen Hang, wichtige Dinge auf die lange Bank zu schieben und dringliche Entscheidungen auf übermorgen zu vertagen, suchte sie mit liebenswürdiger Strenge zu schwächen; seine Sprunghaftigkeit, Eitelkeit und seinen Drang zum Fabrizieren von Pointen ertrug sie mit solch milder Nachsicht, daß es ihm nicht möglich war, bei ihr Schwächen festzustellen außer gelegentlich im Rechnen. Wenn sie sich jedoch verrechnete, dann stets zu seinen Gunsten.

Als Sekretärin wußte sie, daß »sekret« aus dem Lateinischen kommt und soviel wie geheim bedeutet. Sie war verschwiegen wie die Regierung in einer Fragestunde. Selbst wenn sie indiskret gewesen sein sollte, war sie es so geschickt, daß es nie zu den Ohren des Chefs gekommen wäre. Private Post erkannte sie schon am Briefumschlag, der in Zweifelsfällen ungeöffnet blieb.

Niemals ließ sie sich von einer gelegentlichen Arbeitsunlust ihres Chefs anstecken, sondern setzte einer solchen demonstrative Arbeitsfreude entgegen. Immer fand sie sich in der Unordnung seines Schreibtischs zurecht, wußte wichtige Schriftstücke, die sich in Papierbergen versteckt hatten, flink zu finden und durchkreuzte die genialische Konfusion mit einer leicht faßbaren Ordnung, womit sie nicht selten pädagogische Erfolge erzielte. Stets adrett gekleidet und freundlich gesinnt, verstand sie es, männliches Wohlwollen auszulösen, ohne durch provokatorisches Herausstellen vorhandenen Liebreizes das Betriebsklima unsachlich zu erhitzen. Ihr Benehmen ließ den Chef nie vergessen, daß sie eine Dame sei. Dies nahm ihm die Möglichkeit, unhöflich zu sein, weshalb er bis zum letzten Tag bestrebt war, zu Boden gefallene Bleistifte aufzuheben, obwohl sie stets so tat, als erwarte sie es nicht.

Die Ausreden, die sie für ihren Chef erfand, waren überzeugend. Hatte er durch seine von ihr diskret bekämpfte Nachlässigkeit etwas verschlampt, so war sie unablässig bereit, die Schuld auf sich zu nehmen. Wenn sie recht hatte, bestand sie nicht darauf; hatte sie unrecht, gab sie es zu. Gelegentlichen Stilfehlern im Diktat begegnete sie mit Verbesserungsvorschlägen, die sie so geschickt formulierte, daß der Chef meinte, er sei selbst darauf gekommen.

Auch bei stärkerem Schnupfen war sie nie verschnupft. Selbst als sie sich das Rauchen abgewöhnte, mußte der Chef nicht darunter leiden. In den sieben Jahren der Betriebszugehörigkeit eventuell ausgebrochener Liebeskummer wirkte sich nicht geschäftsschädigend aus. Sie stellte ihre weibliche Intelligenz gern in den Dienst des Betriebs und ließ es ihren Chef nicht merken, daß gescheite Frauen in menschlichen Dingen Männern, die sich für klug halten, überlegen sind. Erschien der Chef bisweilen als lächerliche Figur, was innerbetrieblich häufiger als außerbetrieblich der Fall war, so schmunzelte sie unmerkbar, verstand es aber, über sich selbst zu lachen, wenn der Chef sie zu einer Pointe mißbrauchte. Obgleich ihre Seele aus weichem Holz geschnitzt war, war sie nicht empfindlich, hatte Humor und ließ jene gefürchteten Launen vermissen, welche die Zusammenarbeit mit dem emanzipierten Geschlecht oft so strapaziös machen. Gelegentliche Launen ihres Chefs entschuldigte sie bereitwillig mit dessen Überarbeitung oder mit der Wetterlage.

Mit ihrem Arbeitsgerät ging sie liebevoll, mit den Betriebsangehörigen sachlich um. Vertraut mit mancherlei privaten Gepflogenheiten ihres Chefs, wurde sie nie vertraulich, verlängerte einen ins Diktat eingestreuten Plausch nicht arbeitszeitverkürzend und gab privaten Rat nur, wenn sie darum gebeten wurde.

Sie wußte sich ziemlich unentbehrlich zu machen und scheidet auf eigenen Wunsch wegen Berufswechsels aus dem Betrieb aus. Die Firma gratuliert dem neuen Familienunternehmen, dem sie künftig als Alleinkraft zur Verfügung steht, und wünscht ihr, daß sie dort auch so unentbehrlich sei, wie sie es an ihrem Arbeitsplatz gewesen ist.

Ferneres

Die Hüte von Shrewsbury

Ich bin ein ziemlich begeisterungsfähiger Mensch, der das Glück hat, zuweilen Dingen oder Personen zu begegnen, die in ihm lautes Wohlgefallen auslösen. Wenn mir aber zu einem weiblichen Wesen, von dem ich am Familientisch erzähle, besonders schwelgerische Worte einfallen, dann pflegt mich eine meiner Töchter als angegammelten Minnesänger zu brandmarken, indem sie Schiller zitiert: »Kommt zu Euch selbst, Mylord von Shrewsbury! Das müssen Reize sondergleichen sein, die einen Greis in solches Feuer setzen.« Das Zitat stammt aus «Maria Stuart«, wo die schieche Königin Elisabeth ihren Gefolgsmann, als er die schöne Maria Stuart mit allzu vielen schönen Reden preist, mit der obenerwähnten Ironie in die Schranken weist.

Einen Tag zuvor hatten wir die Westminster Abbey in London besucht, in der die beiden Frauenzimmer unter einem Dach begraben liegen, und uns ausgemalt, welche Szene damit wohl beim Jüngsten Gericht zu befürchten sei. Wir hatten im Tower festgestellt, daß Englands Geschichte auch nicht mit Dünnbier geschrieben worden ist und daß die Engländer zu den wenigen Völkern gehören, die Königinnen hinrichten ließen. Wir hatten uns am Beispiel der Königinnen Elisabeth und Viktoria klargemacht, wie sehr der Geschlechtsneid die Geschichte zu beeinflussen vermag.

Heute haben wir Birmingham hinter uns gelassen, dessen rauchende Schlote Zeugnis davon ablegen, welche Strafe es sein muß, im Atembereich dieser Stadt zu leben, und sind in das liebliche Wales gekommen, dessen pralle Landschaft aussieht, als sei ihr all der Saft zugeflossen, den die englische Küche aus dem Fleisch kocht und brät. Plötzlich sahen wir an der Autobahn einen Hinweis auf Shrewsbury, und das machte uns neugierig, die Grafschaft des beredten, vielzitierten Greises kennenzulernen.

Shrewsbury gehört zu den schrulligen Kleinstädten, die England liebenswürdig machen und die aussehen, als seien sie zum Schauplatz für Shakespeares oder Nicolais »Lustige Weiber von Windsor« gebaut worden. Ein Fluß, der sich um die Stadt schnörkelt. Frische, ungeschnaufte Luft. Kleinkarierte Fachwerkhäuser, die Winkel für Spitzwegidyllen bilden. Gelbe Läden, weiße Fensterrahmen auf roten Backsteinmauern. Feingliedrige Wirtshausschilder, die sich zu Namen und Bildern verschlingen. Einladende Pubs, die so tun, als gäbe es keinen streng geregelten Fahrplan für den Bierausschank. Besonders der Gasthof zum goldenen Löwen gab sich, als wäre darin die englische Küche genießbar. In der Spitalgasse sperrten drei Krankenwagen ihre gähnenden Mäuler auf.

Wir machten einen Ladenbummel und betrachteten die Schaufenster voller Absurditäten. Ob es sich um Möbel, Lampen oder Wäsche handelte — die Stadt Shrewsbury machte aus all diesen Dingen Kostüme oder Versatzstücke für einen Bühnenschwank. Fasziniert aber waren wir von einem Hutladen, dessen Schaufenster uns lange fesselte. Denn hinter der Scheibe fand eine Rauferei poppiger Farben statt, die sich gegenseitig bissen. Geiles Gelb knallte gegen morbides Lila, verzuckertes Rosa gegen giftiges

Grün, ochsenblütiges Rot gegen verschossenes Braun. Diese Farben waren den absonderlichsten Formen zugeteilt: Blumen-, Koch- und Nachttöpfen, Fladen, Halbkugeln, Zylindern mit Troddeln, Quasten, Knöpfen, Bändern, Federn und Blumen aus Filz, Plastik, Samt, Stroh, Rips und Seide. Das Geschäft sah aus, als hätte sich Hieronymus Bosch mit Franz Kafka zusammengetan, um einen Hutsalon zu betreiben. Jeder dieser Hüte, einer nackten Frau aufgesetzt, hätte genügt, einen Witz aus ihr zu machen und Armeen von Männern in die Flucht zu treiben. Maria Stuart, mit einem dieser Hüte behauptet, wäre nimmermehr begehrt, Helena niemals geraubt, das Schneewittchen nie und nimmer geweckt worden. Emilia Galotti hätte ihre Unschuld behalten, Gretchen ihren Spaziergang in Frau Marthes Garten allein machen müssen. Romeo wäre beim Anblick eines solchen Hutes auf Juliens Haupt vom Balkon gestürzt, Susanna im Bade nicht belauscht worden und Lots Töchtern die Blutschande erspart geblieben. Jeder dieser Hüte hätte genügt, Zuneigung zu entmannen und selbst die Brunst von Italienern zu löschen.

Die Fröhlichkeit angesichts dieses Schaufensters machte uns hungrig. Wir betraten ein Restaurant, wo eine freundliche alte Dame unsere Wünsche zu befriedigen versprach. Sie servierte ein Bier, das durch keinen Schaumhut verunstaltet war und ungefähr die gleiche Temperatur hatte wie die Suppe, die wiederum darauf hinwies, daß England von Wasser umgeben ist. Das Roastbeef stammte von einem Altersgenossen des Grafen Shrewsbury und wäre, wäre es genießbar gewesen, von der Soße ungenießbar gemacht worden. Die falben Teile eines Strohhuts in dünner Brühe wurden als Kohl deklariert, und grünliche Kartoffeln waren uns zu Ehren ganz frisch aufgewärmt. Die Erbsen hatten die

Härte, die Elisabeth der schottischen Maria gegenüber bewies, aber die Größe von Kirschen. Man konnte mit ihnen höchstens die Gesetze des freien Falls demonstrieren, wobei sie nach hartem Aufschlag auf der nach Bohnerwachs duftenden schiefen Ebene des Bodens gen Süden rollten.

Aber das war bald vergessen, denn die englische Küche trachtet danach, durch ständige Wiederholung solchen Erlebnissen jeden Anflug von Originalität zu nehmen. Originell, platterdings unüberbietbar jedoch bleiben die Damenhüte von Shrewsbury. Und werde ich am häuslichen Mittagstisch wieder einmal in einem Preislied auf weibliche Schönheit durch den Hinweis auf Shrewsbury gehemmt, so werde ich nicht mehr mit dem Verweis der Elisabeth an den in Feuer geratenen Greis unterbrochen, sondern mit der Frage, ob die gepriesene Dame wohl dem Schmuck eines Hutes aus Shrewsbury gewachsen sei.

Gruß aus Gripsholm

In Mariefred haben wir ihn besucht. Es war am 21. Juni, und um elf Uhr abends war es noch hell. Das Schloß Gripsholm mit seinen runden Türmen aus rotem Backstein sah aus, als bade es im Mälarsee. Wir dachten an seinen Satz: »Man besucht ja nur sich selber, wenn man die Toten besucht«, als wir an sein Grab gingen. »Alles Vergängliche ist nur Ein Gleichnis« stand unter dem Namen und den Daten auf der Platte, und dem schwedischen Steinmetzen war dabei noch ein Metzfehler unterlaufen.

Wir dachten daran, wie sehr er unserer Zeit, die so empfindlich gegen Kritik ist, als Wachhund der Freiheit fehlt. Wir standen an seinem Grab und verspürten ein Gefühl, das zwischen Zorn und Rührung lag. Wir fanden es zum Heulen, daß er das Regime nicht überlebt hat. Und dann fielen uns die Worte ein, die er in »Schloß Gripsholm« geschrieben hat, als er den Friedhof schilderte, auf dem er jetzt selber ruht: »Heul nicht — die Sache ist viel zu ernst zum Weinen!«

Zwar ist er schon vor fast einem halben Jahrhundert gestorben: In dem kleinen schwedischen Städtchen Hindås (Baedeker: »Hindås, als Sommerfrische und Wintersportplatz besucht. Noch ein Tunnel«) ist er am 21. Dezember 1935 freiwillig aus dem Leben gegangen. Und dennoch lebt er

noch unter uns: in seinen Büchern, in seinen Satiren, die nach Jahrzehnten noch nicht stumpf geworden sind.
Woher kommt Kurt Tucholsky, der mit dem Bürgertum so scharf ins Zeug gegangen ist? Da gibt es ein Familienfoto, das aussieht, als habe er es selbst erfunden. Vor der Pappkulisse fröhlichen Badelebens in Misdroy protzen zwei mit Quasten und Troddeln behangene Sessel. Auf dem einen sitzt der Bankdirektor Tucholsky. Er trägt eine plutokratische Melone, einen ernsten Zwicker und jenen martialischen Schnurrbart in der Form eines zerlaufenen W, der unter Kaiser Wilhelm Symbol des Erreichttums wurde. Die Pfeife im Mund dokumentiert bürgerliche Behaglichkeit. Neben ihm die ernste, dezent gekleidete Oma, mit vielen Rüschen, die man rascheln hört. Dahinter in einem gemalten Boot die Kinder, am Ruder Kurt Tucholsky, ein hübscher Junge mit verträumten Augen, in denen wie in Knabenbildnissen der Romantiker Skepsis und Melancholie nisten.
Und dann sein Aufsatzheft. Schon mit sechzehn Jahren schreibt er in einer weiten, freigebigen Schrift: »Aufgabe des Menschen ist es, in einem heiteren Lebensgenuß, der in ›Leben und leben lassen‹ ausklingt, wunschlos glücklich zu sein.« Da haben wir es schon, was Kurt Tucholsky auszeichnet: Toleranz, Harmonie und Genußfähigkeit. Aber wie sehr hat die Umwelt diese Eigenschaften ge- und zerstört! Wie sehr haben ihn die Menschen, die er so geliebt und so gezüchtigt hat, enttäuscht!
Der Lehrer, der das Deutsch des Schülers Tucholsky fast immer mit »Mangelhaft« zensiert, schreibt in einer verdorrten Schreibstubenschrift darunter, der Inhalt des Aufsatzes sei indiskutabel, doch müsse Kurt die Buchstaben, die zusammen ein Wort bilden, unbedingt miteinander verbinden.

Und dieser schlechte Schüler schrieb über 2000 geschliffene Feuilletons. Er traf stets das richtige Bild, fand immer das trefflichste Wort und verstand es, die ernstesten Dinge mit heiterer Miene zu sagen. Er war der Star der »Weltbühne«, für die er unter seinem Namen und vier Pseudonymen — Theobald Tiger, Peter Panter, Ignaz Wrobel und Kaspar Hauser — geschrieben hat. Er war ein besessener Arbeiter, ein Tüftler an seinem Stil. Er schrieb Chansons für die besten Kabarettisten, für Ernst Busch, Gussi Holl, Trude Hesterberg und Kate Kuhl. Das Unrecht in der Welt, die Zukunft Deutschlands brachten ihn auf. Er ist in allem, was er geschrieben hat, Kritiker, Polemiker, Satiriker, Kämpfer und Prophet. Hinter seiner Heiterkeit kauert die Melancholie, hinter seinem Witz die Verzweiflung. Er ist ein verschämter Poet, der seine Gefühle nur zu gern mit Ironie übertüncht.

Er lebte gegen seine Zeit und gegen seine Herkunft. Er liebte Deutschland und er haßte es, weil die Saat, die er schon lange vor 1933 wachsen hörte, auf deutschem Boden gedieh. Er kam aus dem Großbürgertum und geißelte es mit bitteren Satiren. Er eiferte gegen die Juden, die 1930 von Hitler sagten: »Lassen Sie doch den Mann!« Er war Unteroffizier und glühender Pazifist. Er war Doktor beider Rechte und ritt die grimmigsten Attacken gegen die Justiz. Er war Berliner und emigrierte in eine schwedische Kleinstadt. Er war heimatloser Sozialist und verachtete Stalin, der »seine Leute verrät«. Er war Emigrant und haßte die Emigranten, die »doitsche Kultur verkaufen«. Er gab sich salopp und kleidete sich elegant. Er wurde von seiner Umwelt in eine ständige verzweifelte Opposition gedrängt.

Er sah 1933 kommen. Er sagte es lange voraus. Er behielt recht, und er wollte gar nicht recht behalten. Er verließ

Deutschland, um nicht Zeuge und Mitschuldiger dessen zu werden, was er kommen sah. 1932 verklagte ihn die Reichswehr wegen Beleidigung. Er wurde freigesprochen. Aber er war vom Ekel gepackt. Er schrieb nicht mehr. Er sah die Giftsaat aufgehen, und er trug von da an ein Gegengift bei sich. Er glaubte nicht daran, daß man das Regime in Deutschland überleben könne, und er wollte den Zeitpunkt selbst bestimmen, ohne Aufsehen aus dieser Welt zu verschwinden.
»Es geht mich nichts mehr an«, schrieb er 1933 verbittert aus Schweden. »Ich komme mir vor wie an den Strand gespült.« Es ging ihm wie einem Arzt, der nicht mehr praktizieren darf und der seine Patienten sterben sieht. »Ich bin ein aufgehörter Schriftsteller.« Als ihm die Schweden keinen Paß gaben, als er nicht mehr reisen konnte, als ihn nach fünf Operationen die Stirnhöhlenschmerzen wieder plagten, schrieb er einen letzten Brief an Arnold Zweig. Er klagte nicht die anderen, er klagte sich selbst an. Er sagte ein paar Sätze, die man jedem Deutschen ins Stammbuch schreiben möchte. »Nun ist mit eiserner Energie Selbsteinkehr am Platze. Nun muß auf die lächerliche Gefahr hin, daß es ausgebeutet wird, eine Selbstkritik vorgenommen werden, gegen die Schwefellauge Seifenwasser ist. Nun muß — ich auch! ich auch! gesagt werden: Das haben wir falsch gemacht und das und das — und hier haben wir versagt. Und nicht nur: Die andern haben . . . sondern: wir alle haben.«
Das schrieb er am 15. Dezember 1935. Sechs Tage später, am dunkelsten Tag des Jahres, an dem es in Schweden nur ein paar knappe Stunden hell wird, nahm er das Gegengift. In Göteborg wurde er eingeäschert. Seine Nachrufe, in schlechtem Deutsch, gespickt mit Beschimpfungen, waren

anders, als er sie sich gewünscht hatte. Niemand schrieb von seinem »goldenen Herzen und seiner eisernen Schnauze«. Und niemand in Deutschland sagte, am abgegessenen Abendbrottisch sich die Ehe mit Zeitungslektüre vertreibend: »Ach — !«

1936 wurde seine Urne in Mariefred auf dem kleinen Friedhof, den er in seinem »Schloß Gripsholm« so schön beschrieben hat, beigesetzt. Es geschah in aller Stille, weil man fürchtete, daß »Landsleute« sein Grab schänden könnten.

Sonntag in Ephesus

Vom Minarett der Moschee rief ein krächzender Lautsprecher die Muselmanen zum Gebet, während wir im Hafen von Smyrna anlegten. Vergeblich spähte Barbara nach Turban und Fes, die schon der fortschrittliche Kemal Pascha in Acht und Bann getan hat. Die Gläubigen trugen jene internationalen grauen Omelettes, welche die Stirn als Fassade des Verstands verleugnen und deshalb wohl Sportmützen heißen. Sie blickten ziemlich finster drein, denn sie feierten Ramadan, den Fastenmonat. Da sind dem Moslem tagsüber (»solange man einen schwarzen von einem weißen Faden unterscheiden kann«) Essen, Trinken und andere Freuden des Leibes verboten.

Der Omnibus nach Ephesus wartete schon. Er stammte aus Ulm an der Donau. »Ich wußte gar nicht, daß Ulm so alt ist«, sagte Barbara, als sie zögernd in das Gefährt stieg, dessen Ehrwürde darauf schließen ließ, daß schon Sultan Suleiman damit seine Truppen zur Belagerung Wiens transportiert hatte. Über dem Fahrersitz stand ein Spruch in arabischen Schriftzeichen. Weil alle Insassen in den Wagen spuckten, vermuteten wir, der Spruch gelte dem Chauffeur: »Gib's den heidnischen Hunden!«

Und wie er's uns gab! Obwohl der Omnibus keine Federn hatte, flog er mehr, als daß er fuhr. Wir flogen mit. Mal gegen das Dach, mal gegen den Sitz, mit dem verglichen die Miserikordien eines Kirchengestühls bequem wie Klubsessel sind. Dach und Sitz waren gleich hart. Smyrna lag längst hinter uns. Wir lernten die anatolische Eisenbahn fürchten. Wenn ihre Gleise die Straße schnitten, wirkte das auf uns wie ein Katapult. Aber das Ulmer Qualitätsdach hielt unseren Köpfen, der asketische Sitz den ungeistigeren Körperteilen stand.

Ich schimpfte wie ein Türke auf den von Schwänen bewohnten Kaystros, den Homer so trefflich besungen hat, daß man annimmt, er sei hier geboren. Dieser Fluß führte so viel Schwemmland mit sich, daß die Ruinen der einstmals blühenden Hafenstadt Ephesus jetzt im Binnenland liegen, was uns zu der schmerzhaften Landpartie zwang. Wie wäre die Apostelgeschichte wohl verlaufen, wenn Paulus sich dieses Marterfuhrwerks hätte bedienen müssen? Ich glaube, die Gemeinde von Ephesus hätte sich weniger oft seines Besuchs erfreuen dürfen.

Dabei wollten wir uns nicht unseren körperlichen Molesten, sondern dem pittoresken Bild hingeben, das uns die Straße bot. Da trotteten hochbepackt friedliche Kamele, geleitet von wackeren Mannen, hinter ihnen im gebührenden Abstand die fülligen Ehefrauen, züchtig ins Kopftuch gemummelt. Zigeunerinnen in bunten Pluderhosen hockten vor niederen, von Feigenbäumen beschatteten Zelten. Herden üppiger Rinder grasten unter mächtigen Ölbäumen. Störche, die sich nicht ums Fastengebot kümmerten und mit wählerischem Schnabel ihr Frühstück aus dem Gewässer pickten, zeigten sich so häufig, daß ihre Zahl günstige Prognosen für die anatolische Geburtenziffer zuließ.

Unter den Mitfahrern erhob sich einige Unruhe. In einer Sprache, die so unverständlich war, wie es nur Türkisch sein kann, machte uns unser freundlicher Nachbar, dessen Vorliebe für Hammel und Knoblauch ruchbar war, darauf aufmerksam, daß der Fahrer eingeschlafen sei. Aber als sich vor uns ein zweiter Omnibus zeigte, der sich in schnellen Sprüngen wie ein Flugzeug mit gestutzten Tragflächen bewegte und sich den Anschein gab, als versuche er Ephesus auf dem Luftwege zu erreichen, weckte der Ehrgeiz den Fahrer. Bald lagen die beiden Veteranen des Kraftfahrwesens Schnauze an Schnauze auf der schmalen Straße und versuchten, die Schallmauer zu durchbrechen. Aber ein Trupp Esel, der uns entgegenkam, rettete unser Leben. Der Fahrer trat auf die Bremse — daß der Omnibus eine solche hatte, wunderte uns baß —, und Allah war mit uns, indem er den Vorfahrer ein Rad verlieren ließ, das in orientalischem Individualismus wiesenwärts rollte. Eine Weile sah es aus, als halte der herbe Verlust unseren Vordermann nicht von seinem grimmigen Entschluß ab, Ephesus tot oder lebend zu erreichen. Da sich aber der Omnibus diesem Vorhaben durch heftige Schlingerbewegungen widersetzte und auch einige Lust zeigte, sich seitlings auf die Straße zu legen, hielt er schließlich an.

Zwischen den beiden Fahrern erhob sich ein langes Palaver, das damit endete, daß unser Schläfer die Passagiere des Havarierten aufnahm. Sie stiegen ein, nach der morgenländischen Sitte, die sich auch bei uns einzubürgern beginnt: die Herren zuerst, dann die Damen. Ein Mann, der aussah, als protestiere er gegen die Erfindung der Seife, blickte Barbara vorwurfsvoll an. »Du bist für ihn unrein«, erkärte ich, »und er spekuliert als Angehöriger des Allah wohlgefälligeren Geschlechts auf deinen Sitzplatz.« Aber Barbara tat, als verstünde sie nicht.

Das freundliche Volk, das zugestiegen war, würzte die

Fahrt durch allerlei Gerüche und hielt durch die nunmehr verdoppelte Schwerkraft seines Inhalts den Omnibus von weiteren Höhenflügen ab. Ziemlich strapaziert hielten wir vor dem Postamt, bekannt durch den Epheserbrief, wo man uns zum Willkomm Eselsmilch reichte.

★

Welch eine Kulisse für ein Picknick! Die Sonne hatte sich ein plustriges Übergewand angezogen: eine Wolke, wie aus dem Barocktheater entliehen, einen schnörkligen Wattebausch, mehr Sonnenschirm als Regendrohung. Auf dem Boden wucherten Jasmin und Rosmarin, Lavendel und Kamillen und parfümierten den Sonntag aufs angenehmste. Das Fragment einer gestürzten Säule bot sich als Tisch an, und das üppige Ornament des korinthischen Kapitells wiederholte sich auf dem Boden, wo Akanthus mit gezahnten, fleckigen Blättern ins Kraut schoß. Ein mächtiger Feigenbaum beschirmte uns. Schafe weideten unter silbrigen Ölbäumen. Zwischen Marmortrümmern wuchsen ernste Zypressen, Löwenmäulchen rotteten sich zu Büschen zusammen, um mit ihrem schüchternen Gelb und Rot gegen den ins Violette spielenden purpurnen Schrei des Mohns bestehen zu können.

Wir legten eine Serviette über den Säulenstumpf und bereiteten mit Brot, Oliven, Büffelkäse, Eiern, Salami und einer Flasche geharzten Griechenweins den historisch so beredten Tisch. Die Sonne schob ihr Gewand beiseite und warf die wabernden Schatten der Feigenblätter über das bukolische Mahl. Eine langhaarige Ziege gesellte sich zu uns und leckte Salz aus unseren Händen. Jenseits des Wegs am Odeion, gegen das Fragment einer Nymphe gelehnt, saß ein türkisches Liebespaar. In die Musik versunken spielte der Bursche auf einem langhalsigen Saiteninstrument dunkle Arpeggien, und das Mädchen ließ dazu seine kehlige Stimme schleifen. Der Schrei eines Esels hing wie ein versteinerter Klagelaut aus ferner Zeit über dem fremden Gesang.

Wir saßen in den Trümmern von Ephesus, bedrängt von so viel Geschichte, daß wir kaum zu essen wagten, wie wohl uns die einfache Hirtenmahlzeit auch schmeckte. Uns war zumute wie den Siebenschläfern, die sich während der Christenverfolgung in einer Höhle bei Ephesus einmauern ließen, zweihundert Jahre schliefen und dann wieder in die Stadt zurückkehrten, um das Wunder zu bezeugen, voll Staunens, wie die Welt sich gewandelt hatte.

Welcher Fleck auf der Erde ist so geschichtsträchtig wie der Boden, auf dem wir saßen? Dort drüben schlug vor zweieinhalbtausend Jahren das Meer gegen die Fundamente des Artemistempels, eines der Sieben Weltwunder, von Krösus erbaut. Nur noch ein paar mächtige Säulentrommeln im Sumpf sind vom Artemistempel geblieben, den Herostrat, einer der namhaftesten Dummköpfe der Weltgeschichte, angezündet hat, um seinen Namen unsterblich zu machen. Mit Erfolg — denn Herostrat ist uns ein Begriff, während die Erbauer des Tempels vergessen sind. Fünfzig Jahre später wurde der Tempel prächtiger und größer erbaut, aber dann von Nero, später von den Christen zerstört. Seine Säulen wurden nach Byzanz geschafft, um die mächtige Kuppel der Hagia Sophia zu stützen.

In dieser fluktuierenden Stadt lehrte Heraklit, daß alles fließe und nur der Wechsel Bestand habe; hier prägte er das so viel mißbrauchte Wort, daß der Krieg der Vater aller Dinge sei. In der Hauptstadt der römischen Provinz Kleinasien war eine der größten Christengemeinden, und nach dem

Tod Jesu fanden Maria und die Evangelisten Johannes und Lukas hier Zuflucht. Droben auf dem Berg steht inmitten der immergrünen, duftenden Macchia das Haus, in dem Christi Mutter gestorben sein soll. Der Blick von diesem Haus auf das Tal des Kaystros, auf Berge und Meer ist so schön, daß man glauben möchte, Lukas sei hier zum Maler geworden. Über der jetzt leeren Gruft des Apostels Johannes erhob sich eine prachtvolle Basilika, von der nur noch das Fundament und ein paar Säulen erhalten sind. Der wundertätige Staub aus dem Grab wurde im Mittelalter zu hohen Preisen gehandelt. Im Dionysostheater predigte Paulus und brachte den Silberschmied Demetrius gegen sich auf, einen reichen Souvenirhändler, dem die Fabrikation von kleinen Artemistempeln »großen Zugang« brachte, wie Lukas in der Apostelgeschichte erzählt. Er sah in Pauli Predigten eine Geschäftsschädigung und rief die Innung der Silberschmiede zusammen, die mit dem Slogan »Groß ist die Diana der Epheser!« die Obrigkeit gegen Paulus mobil machte — ein frühes Beispiel dafür, wie man geschäftliche Interessen hinter religiösen Paravents zu tarnen versteht. Im Dionysostheater sprach Paulus das so viel zitierte und so wenig beherzigte Wort, daß geben seliger denn nehmen sei. Dort drüben stehen noch Säulen und Gemäuer der Bibliothek, wo einst eine große öffentliche Bücherverbrennung stattfand, bei der viele, die »vorwitzige Kunst« getrieben, ihre Buchrollen dem Feuer opferten und nicht versäumten, den Schaden, den ihre Reue gebracht, zu verbuchen — denn Ephesus war eine Handelsstadt —, »und es waren der Gelder fünfzig Tausend Groschen«.
Hier sucht die Phantasie auch das Grabmal jener lustigen, literarisch und musikalisch vielfach ausgeschlachteten Witwe, die sich mit dem verstorbenen Gatten zusammen ein-

mauern ließ, um in der Zeit des Sittenverfalls als Denkmal der Weibertreu zu mahnen — aber schon nach vierundzwanzig Stunden brach die liebliche Körperlichkeit eines jungen Soldaten den hochherzigen Vorsatz. Hier zogen Bischöfe und Patriarchen durch das noch stehende Tor der Verfolgungen in die prächtige Konzilskirche und beendeten den jahrhundertealten Dogmenstreit um das vielzitierte Jota, das unterscheiden sollte, ob Christus Gott wesensgleich oder wesensähnlich sei, und schickten Nestorios, den Patriarchen von Konstantinopel, als Ketzer in die Verbannung. Und schließlich entstand hier eine der ältesten Gebetsstätten des Islams, die Selim-Moschee.

★

In bescheidenem Abstand von den geschichtsträchtigen Trümmern des mächtigen Ephesus lebt jetzt das türkische Städtchen Seldschuk, dessen Lärm uns aus unseren zeitfernen Siebenschläferträumen riß. Musik erklang; ein Dudelsack machte sich wichtig. Eingewoben in eine lärmende Menge unmalerisch konfektionierter Männer kroch ein Taxi stadteinwärts, besetzt mit einem Hochzeitspaar. In geziemendem Abstand rotteten sich die Damen von Seldschuk zusammen, unwürdig, an dem Fest teilzunehmen. Sie verschleierten ihre Neugier mit Kopftüchern, die in uniformen Ausverkaufskaros gemustert waren, während das Taxi, wie eine hochzeitende Bienenkönigin von ihrem Volk unschwärmt, durchs Tor der Verfolgungen holperte, auf dem farbfotogen ein Storch stelzte. Die Damen, die Heine als vom Nachtigallenberg gerollte Fettlawinen zu bezeichnen sich nicht enthalten hätte, rafften mit den hennagefärbten Fingern die Tücher ums Gesicht und schenkten uns ein gir-

rendes Lachen, stoben aber entsetzt auseinander, als sie meinen auf den Storch gerichteten, ihrer Lehre so feindlichen Fotoapparat sahen.
Ein Junge bot uns eine Münze an, unter deren Patina ich das lorbeerbekränzte Haupt eines römischen Kaisers freikratzte. Barbara erinnerte sich an Pauli Gebot und gab dem Jungen das Doppelte der bescheidenen Summe, die er forderte.

Näheres

Salzburger Spätlese

Gelegentlich sollte sich der Kritiker auch Dernieren anschauen. So die endgültig letzte Aufführung von Strehlers Inszenierung der »Entführung aus dem Serail«, die als Dauerbrenner zehn Jahre lang auf dem Programm der Salzburger Festspiele stand. An diesem Sonntag regnete es, und das Sterben des reichen Jedermann Curd Jürgens, zu dem alljährlich reiche Jedermänner trostsuchend mit Rolls Royce und Intercity anreisen, fand im Saale statt. Wären die fünftägigen Regenschnüre der letzten Festspielwoche nicht zerronnen, so wäre man in Salzburg knietief in Wasserspaghetti gewatet. Abschiedstränen für Giorgio Strehler. Freilich ist von seiner »Entführung« der Lack ab, die Ränder der Scherenschnitte sind nicht mehr so präzis, aber Damianis Bühnenhimmel ist immer noch der schönste, den man gesehen hat und sehen wird. Auch wenn die Zeitabläufe der Gags davor nicht mehr so akkurat sind, wird diese Aufführung im Erinnerungsarchiv der Zuschauer lebendig bleiben. Strehler aber will nie mehr hier inszenieren und hat sich als Salzburg-Souvenir Andrea Jonasson, die Königin Margarethe aus seiner »Rosenkrieg«-Inszenierung 1973 in der Felsenreitschule, als Lebensgefährtin mitgenommen.

Wer in der internationalen Schickeria mitsprechen will, mußte jedoch »Herberts Charly« gesehen haben: »Don Carlos« von Verdi, die einzige Operninszenierung des Jahres. Karten zum gepfefferten Normalpreis von 215 Mark, auf dem schwarzen Markt der Salzburger Hotelportiers (denen man kein Trinkgeld mehr zu geben wagt) für bis zu 1300 Mark gehandelt. Der Schätzpreis der Spitzen-Damen, am Schmuck gemessen, lag bei der Derniere um eine Null niedriger, fünfstellig statt sechsstellig. Gleichwertig aber war die Eleganz: in wochenlanger Entblößungsarbeit kultiviertes Sylter Braun zu honigfarbenem Seidenchiffon und passenden Topasen, von Diamanten illuminiert. Das Publikum entsprach ungefähr dem eines Festbanketts der Großaktionäre führender Weltbanken. Verhandlungssprachen waren Wienerisch, Italienisch, Schwäbisch und Französisch, weniger Englisch. Jugend fand nur statt, wo sie etabliert oder frisch angetraut war. Schloß man bei Karajans Inszenierung die Augen, so verabsäumte man zwar zwei Doggen im Lustgarten der Königin und das Feuerwerk der als Kasperle verkleideten Ketzer auf dem Scheiterhaufen, erlebte aber ein musikalisches Fest mit den Chören und den Stimmen Ghiaurovs, der Freni und des spanischen Tenors Plácido Domingo. Als bei der zweitletzten Aufführung ein unheilverkündender Herr vor den Vorhang trat und erkärte, Herr Plácido Domingo sei leider — atemloses Schweigen tiefer Betroffenheit — indisponiert, singe aber doch, ging ein Aufatmen durchs Parkett, als sei ein Jumboabsturz gerade noch verhindert worden. Ein paar Piano-Einsätze mißlangen; um so mehr wurde die Bravour bejubelt, mit der dieser begnadete Tenor alles an die Wand schmetterte, was man in den letzten Jahren an Tenören gehört hat. Die Eboli Christa Ludwig war nach der Lektüre der Premierenkritiken unter Absage aller Kehlenpflichten abgereist; für sie sang Eva Randová und wurde fast provokatorisch bejubelt.

Zum anderen großen Ereignis, für das man sich um Karten balgte, »Leonce und Lena«, nur im Landestheater, von dem Uraltkommunisten Büchner geschrieben, von Johannes Schaaf, von dem bezweifelt werden kann, daß er einen Schlips besitzt, von vierzig Minuten Spieldauer auf hundertsechzig Minuten aufs beste gestreckt, wagte der Rezensent ein farbiges Hemd und kam sich zwischen den Abendroben wie der letzte Prolet vor, erlebte aber ein Spiel auf einer Erdhalbkugel aus Samt, das exemplarisch, hinreißend war. Vergessen sei auch der Herr nicht, der nach Schluß der Vorstellung auf dem Fenstersims Schmucketuis öffnete, während sich seine Gattin einem Pretiosen-Striptease unterzog und die Kostbarkeiten darin bestattete. Als ob man vor dem Theater unter die Salzburger Räuber fiele.
In dieser Räuber-Inszenierung spielte die Salzburger Bevölkerung kräftig mit, soweit sie dem Handel und Wandel oblag. Zimmer, Essen, Taxi, alles mit Aufschlag, alles überteuert. Nur die Automaten kamen da nicht mit. Ein einziges Lokal, in dem man zu immensen Preisen sich aus winzigen Portionen ein dem Festspiel angemessenes Mahl komponieren konnte. Sonst war das Essen einfach miserabel.
Im Hintergrund fand eine Art Wahlkampf zwischen Karajan und Bernstein statt, der in einem Konzert gleich dreifach auftrat: als Dirigent, als Komponist und als Pianist. Der Kampf wurde von den Fans ausgetragen und ging um Terrain für Huldigungsplakate in Seidenwäsche- und Mozartkugel-Verkaufsstätten. Auch seriöse Zeitungen berichteten am Morgen, wen Bernstein am Abend geküßt hatte. Karajan war nicht darunter, wohl aber der österreichische Bundeskanzler, der daraufhin verlautbarte, er lasse sich lieber von Frauen küssen. Das hörte sich an wie ein interner Nahost-Konflikt.

Salzburg, tagsüber überflutet von touristenspeienden Omnibussen, am Abend Auffahrt des Geldadels, der den Protektionsadel neben sich duldet. Stadt zwischen Omnibussen und Rolls Royces, die halbherzig das Blech aus der Perlenmuschel der Innenstadt verbannt und deren Hofschreiber halbherzigen Gewissens beteuern, daß Schönheit eben ihren Preis habe. Die Stadt, von ihrem so erfolgreichen Sohn Thomas Bernhard als verstörend verteufelt, betört selbst noch in der von Fremden gemiedenen Steingasse, die ihr mittelalterliches Gesicht und Gehabe behalten hat, in der die kärglichen Wohnungen an der düsteren Vorderseite liegen und von deren Küchen und Gängen und Abtritten aus sich der Salzach zu eines der schönsten Panoramen anbietet, die es in der Welt gibt.
Und während sich die Luxusmobile von den Salzburger Festspielen zur Baden-Badener Rennwoche in Fahrt setzen, verläßt der Rezensent in halbherziger Liebe die jetzt sonnenbeglänzte Stadt. Nie mehr ein Strehler in Salzburg, sicher Strauss' »Don Quichotte« nie mehr so hinreißend musiziert wie von den Berliner Philharmonikern unter Karajan, nie mehr ein solcher »Carlos« — doch, den gibt es wieder im nächsten Jahr, und der Rezensent wird es sich nicht nehmen lassen, ein solches Glück zu repetieren.

Alt-Bayreuther Alphabet

Alle Arien anders, als die alten Ahnen ahnten. Alle Akte achtlos albern. Am Altare ahmen arme Affen nimmermehr nach ar'scher Art. Anstand, Anmut atmen anderwärts. Ach, der arge Alberich! Ahndet Asen Aug um Aug! Auch den Autor, welcher auszog aus der
Ärgerlichen Ära, ändert nimmer
Bleicher Blender, blinder Blödler blühend Blech und blut'gen Blust. Da bleibt selbst die Begum betrübt sonder Begehren bebend im Bett besser in Beirut statt Bayreuth fern der bösen Buben billig Beginnen. Das Bein am Ball berichtet BILD bißfest Boulez' baumelndes Bimbam im bibbernden Baß. Bitte ein Bier zum Butt! Bärig beuen bärtige Barden den bumsenden Bären bissige Buhs und Bähs in die Bude. Bravo, braune Brüder, bremst das Gebrest! Brünnhildens brünstige Brüste breiten und brauen auf brennender Brücke in
C Cis und Ces cäsarisch. Ihre
Duften Düfte dämmen den dürftigen Durchfall. Du, die du die doofen Deppen, die dünnen Dicken durch Donners Deuchte dämonisiert, dreifach auf Draht dräuest dem Drachen, drosselst Druck nicht zu Dreck.
Ewig elend endet Erda unter der Esche. Der Eigner des eiternden Eies eifert eitel in Eis und in Eisen. Und auch

EUre EULE dient euch Eunuchen nimmermehr als Euterpens Euter. Europas Eumeniden

Finden fürwahr finsteres Festspiel-Finale. Forsche Feger verfälschen des fernen Vorfahr'n Vermächtnis. Fordert füglich Vorfahrverbot für ferne verkomm'ne Verführer! Was faseln Fafner und Fasolt? Ihr Falken fechtet mit Fahnen und Forte-Fagott, mit Flöte und Flinte und mit flammendem Fleiß flugs den flirrenden Flirt mit der Flaute. Flüchtet die Flegel, verfrachtet die freislichen Fressen der fremden Fratzen! Frischfrommfreie Freunde, friedet und freiet fröhlich die frierenden Friedel Fricka und Froh und Freia vom frostigen Frust des fremden Franken.

German'sche Götter im Gehrock, gierend nach Gold. Gunter, ein geiler Gauch. Gudrunes garstig Gedüfte. Genug! Gach gegangen des Geistes Gunst? Gemach! Gleisnerisch glimmt der glibbrige Glast in der glitschigen Glumse. Dahin der Glockenglorie Glück. Es grienet grieslich, es grauet grämlich am Grünen

Hügel, der hehren, holden Heimat, der hohen Helden heilem Himmel. Doch wer hütet heuer den hiesigen Hort? Wer hält hier das hurtige Hifthorn hoch? Wer härtet das Heil? Wer hievt Hagen und Hunding den Helm auf Hirn und Haupt? Wo Herr Hitler hockte, herbergten Heine und Hanslick haarig hinkend und höckrig häßliche Huren. Heiatoho hahaha hahei — Heuss hieß herzlos solches

Idiom für idiotischen Irrsinn. Aber ihr irrt irreparabel. In ist immer das ideale Idol.

Jauchzt und jubelt, juchhei, Jüngling und Jungfrau und Jodler, jährlich im Juli japsend zur Jambenweihe; jagt und jätet jedoch jäh und jach jedes jüdische Jazzgejohle jener jammernden Julen unter Jupiterlampen. Junge, Junge, o daß doch Cosima

Käme und konterte, kündigte den kaputten Kerlen, die Kies küren, Kohlen karren und kehren Kunst zur Karikatur. Korrupte Kapitalisten! Kein König, kein Kaiser zur Kur. Selbst der kundige Kollo macht der Kunst den Kehraus. Kein Kleiber, kein Klemperer klagt klüglich klärend die Klarinette. Klimakterischer Klatsch klettert, klimmt kläglich und klimpert. Knute und Knast für den knarzenden Knauser, den knutschenden Knallkopf. Keiner krieche krötenhaft krumm, chronisch krank auf den

Lüsternen Leim lallender Laffen, lockerer Lügner. Lau, länglich und lustlos lauert des Lindwurms Larve unter der Linde. Liebeslust labet leise lullend das Laster. Lässig leckt Loge die lohende Locke am lieblichen Leib. Lauter Lärm längt unseres Leides Los.

Meidet mit Mut, minnigliche Maiden mit magdlicher Milch, die minde Mode der miesen Mischpoche, den müden Mief, der mangelhaft mindert des Meisters Musik. Mein Michel, miete mit Mumm den Mercedes. Manometer, mein Mime, mauschle mit Mäusen und Mammon mitnichten. Mit

Niedlichen Nichten und neidenden Neffen, Neonazisten, nervt die Notdurft, nahet euch Nothung, nehmt ihn nur neckend und nickend zu Nutz und Nepp, nichtet die Not, narbt die Nacken der nackten Nutten in Nibelheims Nest. Nein, nie und nimmer

Opfert Opas Opus. Obhütet die orphischen Oden der Ostinato-Oktaven. Opponiert offensiv den obszönen Offerten obersten Otterngezüchts. O Orthodoxe, Ortlinde oben ohne ist ostisch Opiat, offen dem Ofenoxyd des Orkus. O Oheim Otto, orte den Odem obligater Organe: Oboe und Orgel. Obacht, Omas Ohrwurm operieret vor Ort. Ohrfeigt orale Orgien, orchestralen Orgasmus. Einen Orden dem ollen Obmann der Ordnung! Observiert objektiv Oasen

Öffentlich örtlicher Ödnis. Die Ökumene des öden
Peduzzis Partei piesackt pervers mit pimmligem Pinsel des Patriarchen Panoptikum. Papperlapapp! Den Part am Pult ein perfider Patzer. Pfeift auf den Pfusch! Die Poesie, ein pausbackig Pummel, paart sich pimpernd mit dem pingligen Piepmatz, der pfludert und pflumpft pflichtig aufs Pflaster. Peter packt Paula per pedes parterre am Po und verpaßt der Person zum puren Punsch pubertär die Pille. Der Pauker pusselt am purpurnen Puls panischer Parzen. O Plage, o Plunder! Im Plusquamperfekt plauscht plausibel der P.E.N.-Präsident proletarisch. Die Primadonna probiert preislich und präpariert den Profit. Proper prangend in Prunk und Pracht
Quillt quirlig quecksilbern Gwineth' quinquillierender Quell. Welch Quantum an Qualität, welch erquickende Quittung, welche Quintessenz im Quorum. Quitt mit QUICK qualifizieren sich quergequetschte Quinten. Der Querulanten qualmend Gequassel quakt und quengelt Quark und Quatsch im Quadrat. Im Quodlibet wird zur quietschenden Qual die Qualle. Quo vadit die
Reise zum Ring? Es rast der Rest, er reißt den Rost vom Rist. Räudige Rocker, rallige Racker, rasende Rüpel richten mit ruppigem Rüssel das Rheingold im rostigen Raster. Reißt euch am Riemen, ihr Rinder! Rauh ruft der rüstige Rentner zum rechten Rückschritt: Rote Rübe runter, mir reicht's! Rüstet den richtigen Ring, reihet rechtens die runde Roßweide rittlings zu Roß und Reiter. Rettet die raren Recken; richtig röhren die reifen Riesen, redliche Ruhe dem Rhein! Also raunen die Runen am Rand der Ruinen, rät auch Ruppel, der reisige Rabe.
Sahnig singet die satte Sippe: Siegfried, Siegmund, Sieglinde, Siegrune. Sie säen den Samen, sehen den Sinn in silbri-

gen Silben, sie salben der Sonne sauberen Saum. So sei's sonderlich sicher, sondere sich von sexuellem Gesockse, von Sauen, die suchen den sinnlichen Sud, sirmelnde Sympathisanten süßer Sucht. Stets stampfe stimmig der Stabreim, stoße stierig mit steifem Stößel starrsinnig stählern gegen Staustufen — welch starkes Stück! Streng streite der gestreßte Strauß mit strafendem Strahl straff gegen den Strich. Er **SCH**elte den schäbigen Schelm Chéreau, den schalen Schächer, der für Scheine Schirm und Schild in die Scheiße schiebt. Welch scheußlicher Scherz! Schlank und schlau schleckt die schlimme Schlange schludrig schlabbernden Schlunz im Schlamassel. Schlagt den Schlemmer, den Schlingel, den Schlackel ins Geschlinge des Geschlechts. Schmerzt solch schmutziger Schmus, solch schmierige Schmach nicht den schneidigen Schmidt? Wie ein schnöder Schnösel mit schnuckliger Schnauze schnickschnackend Schnitt macht! Zum schwieligen Schwure schwärmt in schweren, schwitzenden Schwaden, ihr Schweden und Schwaben, schwülstig zum Schwert wider das schweinern Geschweine. Schwichtet der schwulen Schwuchteln schwarzalbig, schwefelzwergig Geschwänz und Geschwätz. Mir schwant das. Hast du

Töne, tutende Tuba? Terror tost mit teuflischer Tücke in tuckerndem Takt. Tuckende Tunten tätscheln tändelnd teutscher Töchter tätige Titten. Tierisches Thema, tückischer Text kommt auf Touren nicht in die Tüte. Tauet die Tasten, tüchtet die Tempi! Tenor Tannhäuser, teile die Taten der Toten total im Tantenterzett. Der Toren Tun am Tatort ist Tort treuloser Tomaten; träger Trug in trivialem Trott. Trister Tristan, trunken von Trouble und Trauer im tragischen Trio, im trüben Traume, trockne trächtig die Tränen, trimm dich trommelnd in tremolierenden Trillern, trotze den trockenen, trunkenen Trotteln, Trollen und Tröpfen, traue traut der Trompete Triolen, denn

Uriger Urväter Urtrieb im Umlauf ufert zu unheil'gem Unfug. Der Uhu uzt rund um die Uhr zur Unzeit sein Urteil. **Ü**berall übt üppiges Übel. Übrigens

V finde vorzüglich bei F (Vaueffbee Vaihingen) oder bei W. Vivat Venus, virulent in vibrato, virtuos, Violine, Viola, Violoncell.

Wer aber west wann wie wo weidlich wähnend in Wald und Wiese? Wessen Wissen weist weise, wenn Winterreifen wichen dem Wonnemond, wo Woran wandert in Wüsten, wie Woglinde wallet auf Wellen, wann Wellgunde wachet auf Wogen; weshalb Waltraute sich wappnet mit Waffen gegen 's Wehweh; wiewohl die weisen Walküren wispernd wahren und walten die wabernde Walstatt, wagelaweia, welch wuchtiger Wurf, welch wichtiger Wust! Wagners Werk weckt mit wehendem Wähnen die Würde Walhalls. Während der Wälsungen Wut Wälse, den wiehernden Wolf, wirft, wühlen wüste Weiber. Widerwärtige Wichte wählen wahrlich ein

X für ein U. X Mal zähmen x-beinige Xanthippen die Xenien mit

Yvonne unter Yggdrasil bei Ystad als Y-Achse der Welt sieh unter Ü. Unter J: Ying und Yang beim Yoga. Kein Yen für den Yankee am Yellowstone oder am Yukon. Aber jetzt zum

Z. Zwecklos zwacken und zwicken die zwitschernden Zwerge. Zwingt sie zum Zwist, zwiebelt die Zwitter und Zweifler. Inzwischen zankt mit zorniger Zeitung zäh gegen den unziemlichen Zustand, gegen Zoo und Zirkus und Zores. Seid auf Zack mit zuständiger Zunge. Zeiht sie der Zicken. Zollt nicht zagend und zullend zahme Zertifikate. Zeuget in

Zimmerschlachten zynisch zement'ne Zensur. Zahlt nicht die Zeche der Zuhälterzunft. Laßt zögernd sie zappeln, zügelt den Zapfhahn, zagt mit dem Zaster, keinen Zehner Zuschuß zum Zyklus. Zart, zickig und zuckrig ziemt sich der züchtige Zauber in zierlicher Zuflucht. Zeigt mit Zuschrift, Zuruf und Zuspruch euer Ziel: Zurück im Zuge der Zeit zum zeremoniellen Zuschnitt zopfiger Zirkel.

Wo sich Elite versammelt

Zu den Möglichkeiten gesellschaftlicher Kommunikation gehören die Versammlung, die Sitzung und die Tagung. Die Versammlung ist die einfachste Form. Zur Versammlung sammeln sich Schüler, Textilarbeiter, Parteimitglieder, Maschinensetzer, Lokomotivführer, Krankenschwestern, Müllfahrer, Stenotypistinnen, Mitglieder von Fußballklubs und Deutschen Schäferhundvereinen, was sprachlich falsch ist, da der Verein ja nicht aus Schäferhunden mit deutscher Staatsangehörigkeit besteht, sondern aus deren Besitzern. Ich habe noch nie etwas von einer Sitzung der Textilarbeiter, einer Tagung der Müllfahrer oder einem Krankenschwesternkongreß gehört. Erst deren gewählte Funktionäre treffen sich zu einer Sitzung. Anders als bei der Versammlung sammelt sich also eine gewisse Elite zur Sitzung: die Gewerkschaftsvertreter der Textilarbeiter und der Maschinensetzer, der Vorstand des Vereins für Bewegungsspiele Stuttgart, die Delegierten des Bundes deutscher Stenotypistinnen.
Aber was ist Elite? Ich versuche es kurz zu definieren: Zur Elite gehört, wer seinen Wagen nicht selbst beim TÜV vorführt, sondern ihn vorführen läßt. Gehobene Sitzungsteilnehmer sind oft Räte: Studienräte, deren Sitzungen Zeugniskonvent heißen, Rundfunkräte, Aufsichtsräte. Während

Versammlungen in Nebenzimmern, Bierkellern, Stadthallen stattfinden, trifft man sich zu Sitzungen in gehobenerem Milieu: in Lehrerzimmern, Industrieklubs, Sitzungssälen, wobei sich wiederum Sitzungssäle von Gewerkschaftshäusern erheblich von denen der Industrieverbände unterscheiden — wird hier Schlips und weißer Kragen erwartet, darf es dort noch der Rollkragenpullover sein. Wobei allerdings eingeschränkt werden muß: Höhere Gewerkschaftsführer und höhere Industriemanager unterscheiden sich kaum mehr voneinander. Sie speisen im gleichen exquisiten Lokal auf allerdings verschiedene Spesen, sie haben die gleiche Vorliebe für modische Schlipse und gute Maßschneider, sie haben oft den gleichen Bildungsstand — nur durch den nicht sichtbaren Besitz von Produktionsmitteln sind sie noch voneinander zu unterscheiden.

Sitzungen finden oft ehrenamtlich statt; als Mitglied des Rundfunkrats bekomme ich für eine vielstündige Sitzung fünfzig Mark Sitzungsgeld, bleibe also unter dem Stundenlohn eines tüchtigen Kraftfahrzeugmechanikers; von Aufsichtsräten habe ich mir berichten lassen, daß sie in dieser Hinsicht etwas besser gestellt sind. Vielleicht kommt daher die Redensart »Guter Rat ist teuer«; aber schlechter Aufsichtsrat ist, wie die Wirtschaftsbeilage meldet, auch nicht billiger, denn fünf Flaschen im Keller sind verhältnismäßig wenig, fünf Flaschen im Aufsichtsrat relativ viel.

Woher kommt eigentlich das Wort Sitzung? frage ich mich als Philologe. Beim Wort sitzen denkt man doch unwillkürlich an einen wenig repräsentativen Körperteil, der bei Sitzungen eigentlich nicht ausschlaggebend sein sollte — eher die Köpfe; also müßten Sitzungen eigentlich Denkungen, Redungen oder Köpfungen heißen, was sie ja bisweilen auch sind.

Tagungen haben ihren Namen daher, daß man damit mindestens einen Tag, mitunter viele Tage vergeudet; solche Tagungen müßten eigentlich Tägungen und Nächtungen heißen. Während es bei Versammlungen und Sitzungen demokratisch und redlich mit Gerede, Debatte, Diskussion zugeht, finden bei Tagungen Vorträge autoritärer Art statt, wobei die Referenten reden dürfen und die Tagungsteilnehmer schweigen müssen. Der Ort der Tagung ist entweder eine pulsierende Großstadt, ein ländliches Hotel mit Schwimmbad und Sauna oder eine entlegene evangelische oder katholische Akademie, die sich kaum voneinander unterscheiden, weil es auch in katholischen Akademien von der Küche her ziemlich evangelisch riecht, da wie dort der Kaffee wie Tee aussieht und der Tee in seiner falben Farbe die Herkunft vom Wasser nicht verleugnet, also das politisch belastete Braun vermeidet. Die Hausordnungen in solchen Akademien sind meist humoristisch abgefaßt, aber keineswegs humoristisch gemeint, was eine resolute Dame am Empfang schon durch eine gewisse Strenge kundtut. Spätlinge kommen wohl leicht aus dem Haus hinaus, aber schwer wieder hinein. Der Ausschank von alkoholischen Getränken findet meist in Räumen statt, deren Namen den Zweck verleugnen und sich *Café Heuss* oder gar *Teeküche* nennen; indessen gibt es dort schwer durchschaubare Sperrstunden, die an den gedrosselten Alkoholausschank in Irland erinnern. Die Referenten solcher Tagungen haben meist eine verwaltende Stellung, denn während Gott waltet, verwaltet der Mensch — die Vorsilbe ver- hat immer etwas Endgültiges, Gewaltsames; ich erinnere nur an den Unterschied zwischen heiraten und verheiratet sein. Um die Tagungsteilnehmer am Abend vor kommunikationsfördernden Dingen wie Skatspielen, gemeinsamem Fernsehen, Biertrinken oder gar Liebe abzuhalten, lädt man zur Abendunterhaltung einen Zauberkünstler oder Feuerfresser ein; ist ein solcher nicht aufzutreiben, begnügt man sich mit einem Schriftsteller, von dem man erwartet, daß er den Geist genausowenig strapaziert, wie es der verhinderte Zauberkünstler und Feuerfresser getan hätte.

Am Morgen findet in solchen Akademien das statt, was man früher *Andacht* nannte. Da dieses Wort aber nicht mehr an seine ursprüngliche Bedeutung erinnert, nämlich »an etwas denken«, sondern Assoziationen zu Harmonium und stillem Gebet weckt, nennt man sie heute Wort zum Frühstück, zum Tage oder zur Tagung oder Viertelstunde der Besinnung. Andachten hielten früher etwas weltferne Theologen, die sich in der Topographie des Paradieses besser auskannten als im Stadtplan von Ulm. Unsere modernen Theologen indessen sind auf Autobahnen besser bewandert als auf den schmalen Wegen, die zur Seligkeit führen; sie beweisen in den morgendlichen Besinnungsübungen ihre Vertrautheit mit dieser Welt, indem sie gern mit denselben Themen beginnen, wie sie BILD als Schlagzeile bevorzugt: Erdbeben, Haschisch, Geiselnahme, Panzerschlachten, Tabellenstand von Borussia Mönchengladbach, um dann in einem kühnen Klimmzug in die Gefilde der Bildung das Leitmotiv auf hohes Niveau zu hieven. Der Zuhörer weiß: Um Viertel nach muß er enden; er muß mit einem theologischen Schnörkel schließen. Wie schafft er bloß in den wenigen Minuten die Kurve zu Gott? Theologen in meiner Jugend pflegten an jedem Beispiel Gottes Allmacht zu beweisen: Gott straft mit Erdbeben, er ahndet Drogenmißbrauch mit Siechtum, er lenkt — heiliges Kanonenrohr! — Panzerschlachten, Granaten und Flankenbälle. Unsere modernen Theologen sehen den Schöpfer in milderem Licht, mehr passiv als aktiv, sie zitieren lieber den allgegenwärtigen als den allmächtigen Gott, der überall dabei ist, aber die Menschen in Ruhe läßt, wenn sich Staaten und Referenten streiten, wenn Gerd Müller oder die syrische Luftwaffe bomben, wenn Haschisch geraucht wird und die Erde bebt.

Geschriebenes

Dichterlesung

Am frühen Nachmittag kommt Herr K. mit dem Zug in Funzwang (Kreisstadt an der Funz, 56 000 Einw., 544 m üb. Meeresh., spätgot. Kirche, Textilindustrie, Artilleriekaserne) an. Der »Verein zur Fortbildung« hat ihn eingeladen, aus seinen Werken zu lesen. Er trägt in seinem Köfferchen Nachtutensilien, ein paar noch nicht gedruckte Manuskripte und allerlei gebundenes Selbst-Eingewecktes mit sich. Im Zug hat er eine Auswahl daraus zusammengestellt, die er am Abend den Funzwanger Kulturinteressenten nahezubringen gedenkt.
Vor dem Bahnhof prallt er auf eine Plakatsäule, auf der ein Anschlag seinen Namen und seine Absicht verlautbart, die in das Wort DICHTERLESUNG gekleidet ist, einen Begriff, den er nicht mag, weil er so christlich und stefangeorgisch zugleich nach Erbauung und Verkündigung riecht. Gäste zahlen drei, Mitglieder des »Vereins zur Fortbildung«, Studenten und Militär zwei Mark Einlaß.
Herr K. fragt nach dem Gasthof zum Rößle (erstes Haus am Platze). Ja, das sei etwas abgelegen, und das einzige Bahnhofstaxi sei meist unterwegs. Herr K. beschließt, den nässenden Weg zu Fuß zu gehen. Ein Sarggeschäft erschreckt ihn; barocke Truhen mit silbernen Beschlägen. Im Aushang der FUNZWANGER NEUESTEN NACHRICHTEN glotzt

ihn aus dem lokalen Teil sein Jugendbild an; darunter tut eine Nachricht kund, der Dichter K. weile heute in den Mauern unserer Stadt, die Bevölkerung möge in hellen Scharen dem Ereignis beiwohnen, um das kulturelle Interesse des aufsteigenden Ballungszentrums unter Beweis zu stellen.

Es nieselt. Der Tag fühlt sich an wie ein nasses Taschentuch, und Herr K. hat keineswegs Erhabenes im Sinn, eher einen Mittagsschlaf, denn er hat die Nacht zuvor gefeiert, wobei auch Alkohol im Spiele war; das Bett im »Rößle« ist daher höchstes Ziel seiner Wünsche. Am Büfett des Gasthofs verheißt ein Schild EIG. SCHLACHTUNG nichts Gutes. Schlägt sich hier der Wirt kannibalisch selbst in die Pfanne? Gibt sich gar die Wirtin für einen Menschenschmorbraten her oder hin? Man fragt ihn nach seinen Wünschen. Er bittet zunächst um ein ruhiges Zimmer. Eine schlachtreife Dame entgegnet ihm, der »Verein zur Fortbildung« habe aber nur ein ganz einfaches Zimmer für ihn bestellt. Er wagt nicht, eventuellen zusätzlichen Komfort zu fordern und aus eigener Tasche zu bezahlen. Man weist ihm einen Raum zu, den auf der einen Seite der Lift, auf der anderen die Toilette flankieren; unter dem Zimmer befindet sich die Küche. Herr K. packt sein Köfferchen aus, stellt verdrossen fest, daß er den Rasierapparat vergessen hat, zieht sich aus und dämmert dem erwünschten Mittagsschlaf entgegen.

Diese Absicht wird vom Telefon unterbrochen, aus dem sich eine Dame namens Herta meldet, die behauptet, Herrn K. vor Jahrzehnten nahegestanden zu haben; sie sei hier verheiratet, ihr Mann bekleide ein gehobenes Amt bei der Stadtverwaltung und dürfe nicht wissen, wie schön Herr K. in seinen Werken die gemeinsame Liebe besungen habe, und ob er nicht zum Abendessen kommen wolle. Herr K.

stammelte etwas von innerer Sammlung, die er vor einer Lesung benötige, von daraus resultierender Ungeselligkeit und der Unfähigkeit, seinem Magen zu diesem Zeitpunkt kulinarische Köstlichkeiten zuzuführen; man könne sich ja nach der Lesung im Kreis anderer Interessenten im »Rößle« treffen. Herta, an die sich Herr K. nur verwaschen und ohne jedes Lustgefühl erinnert, ist zufrieden.

Herr K. vergleicht sich jetzt selbst mit Spitzwegs armem Poeten. Er greift zu einem Band Marcuse. Allerlei Unverständliches wie Tiefsinniges darin ermattet ihn so, daß er eindämmert, bis ihn Kinderstimmen wecken. Sie brechen in Gesang aus; eine Kapelle verbreitet Fröhlichkeit. Herr K. sucht die wächsernen Kugeln, die er für solche Fälle parat hat, um sie in die Ohren zu stopfen, aber sie vermögen nicht, dem fröhlichen Lärm den Eintritt zu verwehren; er kleidet sich an, erfährt unten, daß heute im »Rößle« der traditionelle und beliebte Kinderfasching stattfinde, worauf er beschließt, die Stadt zu besichtigen.

Leider ist die Stadtkirche evangelisch und daher geschlossen. Herr K. bestaunt statt des Schnitzaltars die kolorierten Standfotos eines Films über Liebestechnik, er bummelt durch einen Supermarkt, kauft allerlei unnütze Knöpfe und tut sich schließlich im Café Funzblick einen ungewohnten Pfirsich Melba neben der Lektüre der Lokalzeitung an. Beide liegen ihm im Magen. Im »Rößle« ist inzwischen der Kinderfasching abgeebbt, die Küche schickt eine Geruchsspeisekarte ins Zimmer; dennoch gelingt es Herrn K., sich noch ein wenig zu entspannen und vor sich hin zu dösen.

Um halb acht Uhr zieht er ein weißes Hemd und einen dezent gemusterten Schlips an und macht sich auf den Weg zur Zeppelin-Oberschule, wo er sich zur Schau stellen muß.

Sie ist etwas außerhalb des Ortes. Dennoch teilen kleine Gruppen mit ihm den Weg; Herr K. hat das solidarisierende Gefühl, sich im Strom seiner Leser zu bewegen. Bedauernd konstatiert er in der Zeppelin-Oberschule, daß der Strom dem Musiksaal zustrebt, wo ein Lichtbildervortrag über die Gletscherwelt Südtirols bevorsteht, während der Bastelsaal, in dem seine Lesung stattfindet, nur eine traurige Versammlung zweckentfremdet leerer Stühle vorweist. Ein Herr tritt ihm entgegen. Er sieht aus, als habe der Ruhestand seine Aussicht auf die Ewigkeit intensiviert. Er stellt sich als Vorsitzender des »Vereins zur Fortbildung« vor. Leider sei der Vorverkauf sehr schleppend gewesen. Auch der Vortrag des Alpenvereins am gleichen Ort nehme Besucher weg. Zudem habe der Lions Club am Nachmittag eine größere Beerdigung gehabt, deren Folgen sich wohl bis in den späten Abend hinauszögen. Und schließlich spiele im Fernsehen noch Bayern München gegen Lokomotive Pirna, so daß nur mit einem kleinen, aber desto interessierteren Kreis zu rechnen sei. Ein Büchertisch ist aufgebaut. Herr K. vermißt darauf seine jüngsten Werke. Leider habe der Verlag nicht pünktlich geliefert, bedauert die junge Buchhändlerin, obwohl man schon vorgestern bestellt habe. Zwei Personen betreten nun den Saal. Wir sind jetzt schon zu fünft, stellt Herr K. fest. Der Vorsitzende entschuldigt sich; er müsse jetzt die Gäste begrüßen, man fange hierorts nie vor Viertel nach an. Herr K. weiß nicht recht, wohin mit sich. Er ergeht sich in den Schulgängen und stellt fest, daß es dort noch genauso nach Schwamm, verregneten Mänteln und Putzmitteln riecht wie in seiner Jugend. Er schlägt die Zeit tot und betritt um Viertel nach acht den Saal, der mit immerhin vier Dutzend Interessenten schütter besetzt ist.

Der Vorsitzende bittet ihn, in der ersten Reihe Platz zu nehmen, und besteigt das Rednerpult, um ihn einzuführen. Er spricht ein paar Sätze: nicht hoch genug anschlagen, dankbares Publikum, echte Aussagen, heimatverbundenes Anliegen, gern bereit, seine Bücher zu signieren. Dann erteilt er dem unter ermunterndem Beifall das Podium betretenden Herrn K. das Wort.
Der fühlt sich hinter dem pädagogischen Katheder etwas fehl am Platze; ein legerer Tisch mit Stuhl wäre ihm lieber gewesen. Ein Glas Wasser glotzt ihn ernüchternd an. Er liest zuerst einen leichtfaßlichen Text, mit dem er Schmunzeln auszulösen gewohnt ist, eine Art literarische Lockerungsübung, die ihm Zeit läßt, das Publikum zu betrachten: ein paar Damenhüte von verschämter Kühnheit, blasse alte Herren, viele Brillen, Damen, die aussehen, als ob sie karitativen Berufen nachgingen, ein paar jugendliche Bärte, die werden doch keinen Rabatz machen; ein Publikum, von dem zu befürchten ist, daß es unter dem sanften Druck von Telefongesprächen des Vorsitzenden herbeigeströmt ist, mehr von der gesellschaftlichen Pflicht als von der vergnüglichen Kür zusammengewürfelt, wie es Herrn K. scheint, der nun mit ein paar scherzhaften Worten — die mit einigem Befremden hingenommen werden, denn einen scherzenden Dichter ist man nicht gewohnt — zu seiner frühen Lyrik greift und damit Emotionen weckt. So etwas wie Rührung kommt auf. Herrn K. ist das unbehaglich, denn er weiß, nichts ist leichter, nichts ist billiger, als Gefühle zu wecken; er kommt sich wie ein Falschmünzer vor. Er spricht jetzt mit seinem Werk ein paar Zuhörer an. Ein Mütterchen in der ersten Reihe, das von Müdigkeit heimgesucht wird. In der dritten Reihe einen recht adretten roten Hut; in den Mundwinkeln sitzt ein Krümel Ironie. Er richtet das Wort

an die Dame, die von des Dichters Werk beeindruckt erscheint. Jetzt entdeckt er in seinem Text einen Druckfehler. Statt Ganglien steht da in seinem Gedicht *Gaglein*; zu blöd, und noch niemand hat ihn darauf aufmerksam gemacht. Der Dichter ist so irritiert, daß er sich ein paarmal verspricht, wodurch seine freien Rhythmen zu holpern beginnen. Er schaut auf die Uhr. Es ist Viertel vor neun. Er spürt, mehr als eine starke Stunde darf er diesem Publikum nicht zumuten. Also greift er zu seinem neuen Roman, noch ungedruckt, eine Montage aus Zitaten, Werbetexten, Wortspielen, Dialekteinsprengseln, Assoziationen; man hat ja nicht umsonst seinen Handke gelesen. Er trägt ganz schlicht vor, aber das Publikum scheint auf der Strecke zu bleiben. Er artikuliert stärker, läßt ein wenig Pathos einfließen, setzt Betonungen, sucht den Text faßlicher zu gliedern. Schließlich fällt das Wort *Scheiße*, Signal des Progressiven. Es aktiviert die Zuhörer. Sicher hört man es in der Zeppelin-Oberschule nie im Deutschunterricht, höchstens in den Pausen; auch im »Verein für Fortbildung« hat es noch kein Dichter gebraucht. Gelächter meldet sich an — nein, so einer. Das Publikum scheint gespannt, was da noch kommen wird. Einen Tabubrecher haben wir da nach Funzwang bekommen. Auch das Mütterchen ist erwacht. Die Stimmung für den weiteren Verlauf des Abends scheint günstig.

Herr K. schichtet Denkformen, erhellt das Bewußtsein, stabilisiert Disharmonie, lotet Tiefe und genießt jetzt seinen eigenen Text wie Haschisch. Aber nach weiteren zehn Minuten sind die Wirkungen des aktivierenden Worts dahin. Das Mütterchen ist wieder eingenickt. Ein größerer Bakterieneinbruch scheint stattgefunden zu haben. Hüsteln, Husten. Nur der rote Hut in der dritten Reihe hängt noch am

Munde des Dichters, der nun bemerkt, er werde zum Schluß kommen, was die Zuhörer wieder munterer macht. Was macht man jetzt mit dem angebrochenen Abend? Reicht es noch zur Spätausgabe der Tagesschau? Der Dichter schließt mit einem pointenreichen Essay. Er endet ziemlich abrupt. Der Beifall ist erleichtert und freundlich. Er animiert ihn zu einer Zugabe; das hätte er nicht tun sollen. Das Publikum wird wieder unruhig. Der Dichter überlegt seinen Abgang. Jetzt aus dem Saal gehen? Nein, er muß ja noch signieren. In die erste Reihe setzen? Dann denken die womöglich, er mache nur Pause. Freundlicher Beifall. Der Vorsitzende steht auf, drückt ihm die Hand, nimmt ihm die Sorge, indem er ein Schlußwort spricht: Tiefe des Gehörten, großes Erlebnis, Wesentliches nach Hause tragen, denen mitteilen, die unbegreiflicherweise nicht erschienen, nächster Abend in vier Wochen, ein Lichtbildervortrag über vorschulische Aufklärung, gute Nacht, gute Heimfahrt.
Das Mütterchen naht sich Herrn K. und erschreckt ihn mit der Vermutung, sicher sei sie derselbe Jahrgang wie er; sie eröffnet ihm, sie sei auch im gleichen Ort geboren, und bittet um Signierung eines Buches. Er weiß nicht recht, wo, geht wieder ans Katheder, schreibt seinen Emmerich K. ins Buch. Um den Büchertisch bildet sich eine Gruppe, eine kleine Schlange vor dem Pult. Man steht um Herrn K.s Namen an. Das tut wohl; auch der rote Hut ist darunter. Er schreibt, lächelt an. Man macht ihm Komplimente, bedankt sich; es sei wirklich *erhebend* gewesen. Nun ist der rote Hut an der Reihe. Herr K. faßt sich ein Herz. Ein Kreis Interessierter treffe sich noch im »Rößle«, ob Lust? Ja, schon, aber . . . Die Erklärung wird von einem in der Seelsorge tätigen Herrn abgeschnitten, der Herrn K. einen umständlichen Traum schildert, der sicher ein Stoff für einen katholi-

schen Roman sei. Der rote Hut postiert sich unschlüssig im Mittelgang; Herr K. meint aus der Haltung schließen zu können, daß gegen eine Begegnung im »Rößle« keine Abneigung bestehe. Aber der Seelsorger ist verbal arg ausschweifend. Die Dame vom Büchertisch bringt Liegengebliebenes, Ladenhütendes und bittet um vorsorgliche Signierung. Inzwischen hat sich der Saal geleert; nur der Vorsitzende ist geblieben, um den Dichter ins »Rößle« zu begleiten. Dort ist schon ein ganzer Tisch versammelt; leider ist der rote Hut nicht dabei, dafür Herta, die Jugendfreundin, mit einem zu Recht auf Diät gesetzten Gatten, dann noch ein Schulkamerad, der, weil früh und oft durchgefallen, es in Funzwang zu großem Reichtum gebracht hat. Herrn K. wird ein Ehrenplatz zugewiesen; seine Umgebung wird bedient, während er ärgerlich lange auf das wohlverdiente Glas Wein warten muß, während man ihm Geschichten aus seinen Werken erzählt, die ihm inzwischen fremd geworden sind, und um Ausdeutung bittet, Vorschläge für neue Werke macht und ihm Schnurren und Sagen aus der näheren Heimat erzählt. Es bleibt Herrn K. nichts anderes übrig, als zum Gegenangriff überzugehen und Anekdoten zu verplaudern, die man ihm daheim in der Familie übelnimmt, weil er sie dort schon zu oft erzählt hat.

Der Abend wird anregend beschlossen. Herr K. trinkt mehrere Schoppen, man freut sich, einen Dichter im Kreis zu haben, Herta drückt ihm verstohlen die Hand und deutet, für ihn nur noch schwer verständlich, gemeinsame Vergangenheit an.

Obwohl er sich den Luxus des Ausschlafens gönnen wollte, sieht man den unrasierten Herrn K. schon am frühen Morgen auf dem Bahnsteig stehen. Lift und Toilette wurden schon zwischen Tag und Tau rege benutzt; auch das Anbraten der eigenen Schlachtung ward von der Küche herauf zu früher Morgenstunde ruchbar. Herr K. friert, streicht über das kratzende Kinn, hofft, keinen Bekannten zu treffen, und freut sich auf sein Zuhause.

Das Strichmännchen

»Ich kann dich so schlecht malen«, sagt meine Tochter Minz. »Weißt du, ich male einfach die Wand, hinter der du stehst!« So fängt das an. Nicht lange nach der etwas windschief gegen alle statischen Gesetze gestrichelten Wand, die ein indirektes Porträt darstellt, entsteht das erste direkte Konterfei en face, gekennzeichnet durch den klassischen Reim: Punkt, Punkt, Komma, Strich — fertig ist das Mondgesicht, wobei während des Aufsagens der zweiten Zeile der Inhalt der ersten in einem mehr oder weniger gelungenen Kreis zusammengehalten wird. Das Mondgesicht — man halte ihm zugute, daß es auf so schwachem Versfuß steht — präsentiert gewissermaßen die zweite Stufe kindlicher Porträtstudien. Trotzdem hat es etwas absolut Vollendetes, Endgültiges. Der Mensch erwirbt die Fähigkeit, Mondgesichter zu produzieren, bereits in zartestem Alter, ja oftmals bringt er es in dieser Kunst schon sehr früh zu einer Meisterschaft, die er trotz aller Anstrengungen seiner Lebtag nicht mehr zu überbieten vermag.

Obwohl nach einem scheinbar simplen Rezept verfertigt, hat das Mondgesicht tausend und aber tausend Gesichter. Es kommt nämlich ganz darauf an, wie man die Augenpunkte zueinander stellt, eng zusammen, was ihnen einen dümmlichen, womöglich leicht kriminellen Zug verleiht,

oder weit auseinander, wodurch sie gespenstisch dreinschauen; wie man den Nasenstrich und den Mundstrich anordnet, wobei sich eine leicht asymmetrische Tendenz empfiehlt. Der Mundstrich gewinnt besonders, wenn man ihn je nach Belieben konkav oder konvex krümmt. Und wie man zuletzt das abschließende Rund oder Oval, mit anderen Worten, wie man die Form der Birne gestaltet. So gleicht kein Mondgesicht dem anderen, ein jedes hat vielmehr einen ganz individuellen, urtümlichen Ausdruck. Gewisse Experten für moderne Kunst sollten diese radikale Reduktion des menschlichen Antlitzes auf lunare Signale erst einmal einer tiefschürfenden Analyse unterziehen, dann wüßten wir, weshalb wir es in unserem kindlichen Ringen um schöpferische Gessaltung so sehen und nicht anders sehen. Man denke nur an Samuel Becketts Bühnenfiguren! Sieht seine »Endspiel«-Mannschaft nicht ganz so aus, als sei sie nach dieser Manier porträtiert?
Während Becketts Figuren in ihrem Untergestell mehr oder minder verkümmert, ja teilweise amputiert sind, kann man das Mondgesicht ergänzend in südlicher Richtung fortsetzen: zwei parallele Striche, anschließend ein größeres Oval, noch weiter südlich zwei längere Striche, die ad libitum in je einer Knolle ihren Abschluß finden können. Und schließlich zwei Striche zur Rechten wie zur Linken an das obere Rund des Ovals gehängt, mündend in je fünf fächerförmig angeordnete, sehr kurze Striche: Das Männchen ist fertig!
Das Strichmännchen (nicht zu verwechseln mit jenem Mädchen, das unter oder, präziser gesagt, auf der gleichen Vorsilbe läuft) ist so alt wie der spielende Mensch und so jung wie das Kind, das es unter schöpferischen Strapazen zum ersten Mal erschafft. Wohl hat es ein paar anatomische

Mängel, aber es ist unsterblich. Der Einlaß in die Museen und Galerien ist ihm verwehrt, aber man darf sicher sein, daß es auch hier die ihm so vertrauten Hintertürchen gefunden und sich auf irgendeinem Aktendeckel in Archiven des Louvre ebenso dreist eingenistet hat wie in der Albertina oder in den Uffizien.

Das Strichmännchen gedeiht unter der Äquatorsonne ebenso gut wie in den eisgekühlten Regionen jenseits des Polarkreises. Es ist weder national noch politisch oder konfessionell gebunden. Es spukt in den Schlössern des schottischen Hochadels so unbefangen herum wie in den Zigeunerhöhlen vor Almería. Obwohl von Haus aus scheu und zurückhaltend — es entzieht sich den Blicken des fremden Betrachters mit der Gschamigkeit einer marokkanischen Haremsdame —, nimmt es mit Vorliebe an stundenlangen Sitzungen, Konferenzen und allen Arten von Tagungen teil. In Parlamentsgebäuden ist es fast heimischer als in Kinderzimmern und Schulklassen. Als Schwarzhörer geistert es durch die Hörsäle der Universitäten, und vielen Gerichtsverhandlungen wohnt es in aller Verborgenheit bei. Dafür gibt es sogar ein schauriges Beispiel aus der Geschichte: Es sind jene Löschblätter aus der Zeit der Französischen Revolution, welche die Geschworenen bei den tödlichen Sitzungen des Revolutionsgerichtes in ihrer Langeweile vollgekritzelt haben.

Das Strichmännchen hat seine größte Chance, wo immer der Mensch zum Zuhören verurteilt ist. Es steht mit seinem Erzeuger sozusagen in unerlaubten Beziehungen und verbirgt sich deshalb am Rande des Terminkalenders, in Aktendeckeln, auf der Rückseite einer Zigarettenschachtel, in Stenoblocks oder auf Löschblättern. Sein jeweiliger Vater pflegt in den Augenblicken seiner Entstehung die Stirn aus Tarnungsgründen in bedeutsame Falten zu legen und seinem Gesicht einen Ausdruck besonders angespannten Nachdenkens zu verleihen. Die lässig kritzelnde Hand hat sich offenbar selbständig gemacht. So sehr scheint der Fraktionsführer, der Quartaner, der Ausschußvorsitzende, der Cheflektor oder wer es nun immer sei, in tiefes Sinnen versunken, daß sich das Spiel seiner emanzipierten Rechten jeder Kontrolle entzieht. Dabei kann es dann auch passieren, daß sich das Strichmännchen ganz gewaltig aufplustert. Plötzlich trägt es auf seinem Kopf die Zipfelmütze des deutschen Michel, läßt sich einen Rauschebart wachsen, erscheint im Zylinder oder schwenkt einen Regenschirm. Vielleicht leiht es sich die ein wenig abstehenden Ohren und das Monokel des Vortragenden, streckt es im Schutze seiner Anonymität irgend jemandem die Zunge heraus, oder es wächst ihm gar eine Blase aus dem Mund, in der man das Wort »Idiot« lesen kann. Von seinem Erzeuger wird das Strichmännchen meist wie ein illegitimes Kind behandelt, dessen man sich ein bißchen schämt und zu dem man sich öffentlich nicht gern bekennt. Sein Schicksal erfüllt sich meist sehr schnell in einem Papierkorb. Denn wenn das Männchen erst einmal fertig ist, so hat es seine Schuldigkeit getan, die darin besteht, seinen Erzeuger für ein paar schwache Minuten von der Pflicht zu entbinden, vernünftig, aufmerksam, ernsthaft und womöglich erwachsen zu sein. Es vermittelt auch dem soignierten Endfünfziger mit den weißen Schläfen das wollüstige Gefühl des Schule-Schwänzens mitten im Klassenzimmer. Sein närrisches Aussehen macht schmunzeln und fördert die gute Laune, es befreit den verstohlen Kritzelnden für ein paar Atemzüge vom Zugriff der Langeweile, wenn nicht vor schlimmeren Empfindungen. Das Strichmännchen lenkt von der Wirklichkeit ab und führt in die Gefilde der Phantasie, es erheitert und tröstet, es stimmt freundlich und vermag nicht selten durch seinen heimlichen Auftritt das Klima einer Konferenz auf das angenehmste zu regulieren. Punkt, Punkt — es sind die Kontrapunkte gegen den tierischen Ernst. Komma, Strich — es ist eine Interpunktion für per Fließband gelieferte Wichtigkeiten. Das Mondgesicht ist fix und fertig.

Alle Journalisten sind doof!

So, da steht es, in der Überschrift sogar, so fett es auf dieser Seite möglich ist. Da geht es also in die Geistesgeschichte ein. Vielleicht wird diese Seite in zehntausend Jahren ausgegraben. Dann stellen die Klamottensammler, auch Archäologen genannt, fest: Im Jahrhundert des Atoms waren die Journalisten so ehrlich, daß sie in ihren eigenen Büchern behaupteten, sie seien doof (doof laut Duden: ursprünglich taub, dann langweilig, beschränkt, stumpfsinnig, dumm). Die Journalisten des 20. Jahrhunderts waren, so folgern die Historiker messerscharf, ein Stand, der zur Selbstkritik imstande war. Um mich im Stand des Bildes zu halten: Sie schossen zwar häufig (freihändig) aus dem Stand, aber sie schossen auch auf den Stand.

Und nun bitte ich diejenigen meiner journalistischen Kollegen, die sich durch die Überschrift beleidigt fühlen, die Hand zu heben. Ich sehe keine. Dankeschön. Ich habe also keinen Journalisten verletzt. Aber ich wette: Es werden Briefe kommen, in denen sich Archäologen beschweren, daß ich ihre Ehre in den Schutt gezogen hätte, in dem sie wühlen. Weil ich sie »mit dem abschätzigen Wort Klamottensammler belegt« habe.

Da wäre also die Katze aus dem Sack, in dem des Pudels Kern begraben liegt. Ich wäre bei meinem Thema mit

Variationen, das lautet: Die Kollektivempfindlichkeit der deutschen Stände. Ein Thema wahrlich, das den Schreibenden Kummer macht.

Denn ihre Aufgabe ist es — verzeihen Sie, wenn ich eine jener Wahrheiten ausspreche, die in die Binsen gehen —, den Menschen so zu schildern, wie er ist. Nun ist aber der Mensch weder gut, wie Leonhard Frank sagt, noch schlecht, wie man meinen könnte, wenn man die Seite eins von Tageszeitungen liest. Der Mensch ist durchwachsen, oder: Zwei Seelen wohnen, ach! unter der nicht immer weißen Frackweste, um das übliche Goethe-Zitat anzubringen.

Der Mensch, der gern auf der moralischen Schattenseite des Lebens lustwandelt und -mordet, ist nicht als Falschmünzer, Raubmörder, Hochstapler, Schläger oder Unterschläger polizeilich gemeldet. Er hat auch mal was Rechtes und Linkes gelernt und hat deshalb einen bürgerlichen Beruf. So gibt es also Schneidermeister, die betrügen. Es gibt Postbeamte, die unterschlagen. Jugendpfleger, die ihre eigene Art von Sittlichkeit haben. Zahnärzte, die ins Zuchthaus kommen.

Nun hat der Leser nichts dagegen, wenn der Journalist über Zuchthaus, Unsittlichkeit, Betrug und Raub schreibt. Je höher einer stapelt, um so mehr Zeilen stehen ihm in der Presse zu. Dem Abonnenten erscheinen Berichte über die moralische Abrüstung lesenwerter als solche über die moralische Aufrüstung.

Niemand protestiert gegen Überschriften wie »Elektriker rettet Damenstift vor Feuersbrunst«. Aber wehe der Zeitung, in deren Roman ein Elektriker auftritt, dessen Kinder hungern, während er sich mit der zweifelhaften Baronin Schipopmanski amüsiert. Sofort protestiert die Innung: »Sollte unser Berufskamerad nicht spätestens in der näch-

sten Fortsetzung zu Frau und Kind zurückkehren, so werden wir bei der zuständigen Handwerkskammer veranlassen, daß sämtliche Gewerbetreibenden Ihr verleumderisches Blatt abbestellen.«

Auch die Mimosen tragen Früchte. Die Übeltäter und Bösewichte, die in die Zeitung kommen, verlieren ihren Beruf, damit die Zeitung keine Abonnenten verliert. Aber fast noch mehr als der Redakteur leidet der Schriftsteller unter der Kollektivempfindlichkeit der deutschen Stände. Besonders wenn er zu den Leuten gehört, welche die Welt zum Weinen finden und sich nur dadurch vor der Verzweiflung retten, daß sie möglichst viel darüber lachen.

Da sitzt er nun an seinem Schreibtisch und arbeitet an einer Geschichte, in der ein Betrunkener vorkommt. Diesem ihm gar nicht unsympathischen Menschen möchte er einen Beruf geben. Aber Sie wissen, was geschieht, wenn er ihn zum Metzgermeister macht.

Ich habe unter meinen Lesern viele Metzgersfrauen. Sie gaben mir in schlimmen Zeiten gelegentlich fünfzig Gramm über meine Markenverhältnisse. Jetzt kann ich es ja sagen, weil die Wurst vermutlich unter die Amnestie fällt. Damals hatte ich das Gefühl, als ob meine Wohltäterinnen meinetwegen ständig mit einem Fuß im Zuchthaus stünden.

Und nun soll ich so undankbar sein und einen betrunkenen Metzgermeister erfinden? Zumal ich weiß, daß dann die Innung geschlossen frei von der beleidigten Leberwurst weg gegen den »verleumderischen Schreiberling« vorgehen würde? Nein, nein! Lieber stelle ich fest, daß es nie einen Metzgermeister gab, der jemals einen Tropfen über den Durst getrunken hat. Das tun nur die Journalisten.

Wer kann es wagen, von einem dicken Wirt, von einem geschwätzigen Friseur oder von einem eitlen Arzt zu reden?

Wo ist der Mann, der so kühn ist, in einem Zeitungsroman einen Schornsteinfeger zum Vater eines unehelichen Kindes zu machen? Wo ist die Zeitung, die sich anmaßt zu schreiben, ein guter Regierungsrat sei teuer? Wer wagt es, den Ausdruck Schulmeister zu gebrauchen?

Wenn ich jetzt etwas über einen Friseur schreibe, vergesse ich nicht zu betonen, daß er keinem Kunden ein Haar krümmen kann. Ein Kammerjäger vermag keiner Fliege etwas zuleide zu tun. Meine Schornsteinfeger tragen blütenweiße Westen. Chirurgen können kein Blut sehen. Metzgermeister beweinen jedes geschlachtete Kalb und kaufen ihm einen Kranz. Wirte klären ihre Gäste über die bösen Folgen des Alkohols auf.

Nur mit Herzklopfen schreibe ich heitere Romane, denn man kommt dabei nicht ohne komische Figuren aus. Und man kann wohl alle Journalisten zu komischen Figuren, aber nicht alle komischen Figuren zu Journalisten machen. Denn sie gehören dem einzigen Stand an, der nicht empfindlich ist. Die Überschrift soll ihre Unempfindlichkeit beweisen.

Staufisches

Nachricht aus Staufen

Es begab sich im Jahre neunzehnhundertundsiebenundsiebzig, da der Fürst des Staates Beutelsbach seine Untertanen um sich scharte und also zu ihnen sprach: »Kommet her zu mir alle, ihr getreuen Bausparer, Spätzlesmampfer, Häuslesbauer, Radikalenjäger, Viertelesschlotzer und Kehrwöchnerinnen, ich verkündige euch große Freude, denn mir sind erschienen in einer Zentralschau die staufischen Ahnen. Und Konrad der Dritte sprach zu mir: ›Hier nimm hin das Schwert und rotte damit alle aus, die dir in der Partei, in der Fraktion, in der Regierung, in der Opposition Widerred geben.‹ Und er gab mir das Schwert. Und Kaiser Friedrich der Rotbärtige sprach zu mir: ›Hier nimm hin die Krone, die dich über alle Kurfürsten und -tisanen, Bischöfe, Generaldirektoren, Oberkirchenräte und Knöpflesmillionäre deines Landes erheben wird.‹ Und er setzte mir die Krone auf, und die Aufsichtsräte von Mercedes, Allianz, Landesgirokasse, Salamander und Bosch beugten vor mir die Knie. Und Heinrich der Sechste sprach: ›Hier nimm hin das Zepter, das dich machet zum Richter über alle, so anderen Glaubens sind: Protestanten, Schwaben, Kriegsdienstverweigerer, Kernkraftwerksgegner, Sozialdemokraten, Schauspieldirektoren und Maoisten.‹ Und er gab mir das Zepter. Und Friedrich der Zweite sprach auf

italienisch, weil er unserer Landessprache nie kundig war: ›Hier nimm hin den Reichsapfel, aber sorge dafür, daß ihn keine Eva stibitze und keiner ihn vermoste.‹ Und er reichte mir den Apfel. Und Konrad der Vierte sprach: ›Hier nimm hin den Krönungsmantel, daß er dich schütze vor Wetter und Wind und Felswand und Gletscherspalte und der Liebe deiner Untertanen.‹ Und er schlug mir den Mantel um Schulter und Lenden. Sie aber salbten mich, kürten mich und sprachen mit vereinten Stimmen: ›Gehe hin, tritt das Erbe der Staufer an und mache Eingeborene und Reigschmeckte zu Staufern.‹

Und nachdem solches geschehen, sage ich euch Botmäßigen vom Bodensee bis zum Mainfluß, vom Rheinstrom bis zur Iller: Von nun an handelt und wandelt ihr nicht mehr als Schwaben, Franken, Alemannen und Pfälzer, nicht mehr als Blitzschwab, Gelbfüßler, Knöpflesschwab und Allgäuer, sondern seid eins als Staufer wie euer Herr und König. Alles, was ihr denkt und tut, sei staufisch, aber auch alle, die blindlings nichts denken wie meine treuesten Gefolgsleute, seien staufisch. Staufisch sei euer Trachten und eure Tracht, euer Tun und Lassen und Ablassen und Bleibenlassen und Treibenlassen. Staufisch sei euer Sinn, aber auch euer Unsinn, staufisch am Morgen, am Mittag und am Abend, vor allem aber in der Nacht, so alles schwarz ist, wie es mir wohlgefällt. Staufisch seien eure Häusla und Mäusla, eure Spätzla und Bätzla, eure Vauwela und Vaueffbela. Staufisch sei euer Gruß, der von nun an lauten soll: Leck mich am Staufen.«

Als er also gesprochen hatte, ging er hin zu seinem Goldschmied und hieß ihn seinen Kopf in Gold schlagen, aushöhlen und zu einem Kelch formen. Und er schenkte allen Wein ein, aber nicht reinen, sondern mit Süßreserve ge-

schönten, daß ihre Rede nicht wie gewachsen sei, sondern ihnen so glatt vom Munde gehe, wie sie ihm vom Munde ging. Und wer daraus trank, der war staufisch erleuchtet und seinem Herren zugetan.
Es gab aber etliche, die da sagten: Herr, laß diesen Kelch an mir vorübergehen.
Die anderen aber sprachen: Ich staufe, du staufst, er sie es stauft, wir staufen, ihr stauft, sie staufen. Und es staufte, stuff und ward gestoffen im ganzen Staate Beutelsbach.
Und einer sprach zu sich selber: Je staufer der Rummel, desto filbinger der Nutz.

In Oberschwaben musizieren die Steine

Die Bewohner von Baden-Württemberg sind ständig bereit, sich auf ein besonders intimes Verhältnis zum lieben Gott zu berufen. Deshalb unterschieben sie diesem auch die Absicht, daß ihr Ländle eine Sonderanfertigung der Schöpfung gewesen sei. In Oberschwaben habe der Schöpfer noch einmal eine Musterkollektion landschaftlicher Schönheiten zum Park vereinigt und ein Versucherle Hochgebirge aufgetürmt — wobei ein Versucherle nichts mit dem Malefiz-Satan zu tun hat, sondern soviel wie ein norddeutsches Kosthäppchen bedeutet —; im Bodensee ein Stückle Meer geschaffen und seine Ufer mit den Schabracken der Weinberge behangen; die weitfahrende Donau als anmutiges Jungfräulein entspringen und sie in ihrer Jugend Kapriolen schlagen lassen, wobei er ihre Ufer mit Felsen, Burgen und Schlössern bestückte; die Vulkanberge im Hegau in Busenform aufgehäufelt; die Gletscher über das Oberland geschickt, damit sie Moor und Ried und Seen und Endmoränen hinterließen; das Land mit Kirchen übersät, da ein wenig Wald, dort ein paar Äckerle eingestreut und das Ganze recht buckelig gemacht, damit sich die Industrie verkriechen könne und nicht das ganze Landschaftsbild versaue, und hinter jeder der vielen Kurven und Kuppen eine neue, andere Landschaft versteckt, so daß der Eingeborene

und der Wandersmann sich an der Vielfalt der Schöpfung erfreuten. Zum Ausgleich für so viel Wonne, so sagen die Badener, habe dann Gott den Schwaben erschaffen.

Eine heitere Landschaft also. Am heitersten in dem Trapez zwischen Donau, Iller, Bodensee und Hegau, wo die Steine musizieren und die Heiligen tanzen. Dieser Landstrich, der bis 1805 weder zu Württemberg noch zu Baden gehörte, ist die Heimat der Oberschwaben und lappt ins Alemannische über. Die Grenzen sind fließend. Vielfältig wie die Landschaft ist auch ihre Geschichte. Das Gebiet bestand bis zum Reichsdeputationshauptschluß, als der größere Teil an Württemberg, der kleinere an dessen spätere Braut Baden fiel, ein politischer Fleckerlteppich aus Freien Reichsstädten, österreichischen Erblanden, kleinen Fürstentümern, Erzstiften, Deutschordensgebiet, Grafschaften, Reichsabteien, ja sogar reichsfreien Bauernhöfen. Dennoch ist das Land großzügig, prächtig, reich, frei und weit. Kunst und Landschaft verbinden sich hier wie nirgendwo in Deutschland.

Die liebliche Bodenseeinsel Reichenau mit ihren drei romanischen Kirchen bildete zusammen mit dem Kloster Sankt Gallen die Wiege des mitteleuropäischen Christentums. Ihre Schwester, die Mainau, ist eine Blüteninsel, die vom Frühling vier Wochen früher als die Norddeutsche Tiefebene besucht wird. Betrachtet man den Bodensee aus der Segelflugperspektive, so sieht er wie ein Hase aus. Den Schwanzstummel bildet die Bucht zwischen Bregenz und Lindau. Die Taille sitzt zwischen Friedrichshafen und Romanshorn. Der Bodanrück trennt die Ohren ab. Wie Clips sitzen die beiden Inseln und die Stadt Konstanz in den Löffeln. Links ist der Hase schlitzohrig; von der Stadt Radolfzell und der Halbinsel Mettnau in Gnaden- und Zeller See

gespalten, läuft er im Untersee in den Oberrhein aus. Wie Flöhe wuseln die weißen Segel über das Fell des Hasen, stetig kraulen die grauen Bodenseeschiffe sein Fell. Bodensee: Wein und Fisch und Obst und Blüten und Kunst und Bad und Sport. Romantische Städte mit heimeligen Wirtschaften, Sonne und Lieblichkeit, und dahinter der Postkartenprospekt der Alpen. Der Bodensee ist verbindlich und verbindend. Bei einem Vetterlesfest der Bodensee-Anrainer brachten diese ihre Spezialitäten mit. Der Badener seinen Seewein. Der Schweizer seinen Käse. Der Österreicher Mehlspeisen. Der Bayer Gselchtes, Knödel und Bier. Und der Schwabe seinen Bruder, damit das viele Zeug auch wegkommt. Man ist verwandt, alle Anrainer sind Alemannen. Man neckt sich und versteht sich. Aber man pflegt auch die Unterschiede.

Der Bodensee bietet soviel Abwechslung wie sein Hinterland Oberschwaben. Dort wohnt ein fröhlicher, munterer, genießerischer Menschenschlag, vom Katholizismus geprägt, mit Sinn für Farbe, mit Freude an Theater, Vermummung, Fasnacht. Der ironische und erotische Christoph Martin Wieland, der wortgewandte und erzählerische Martin Walser, der bilderreich wuchernde Abraham a Santa Clara — sie sind Söhne dieses Landstrichs. Sie können mit der Sprache graziös und schwelgerisch umgehen. Rokoko und Barock. Hier lebte der Pfarrer, Schneider und Bauer Michael Jung, der seine verstorbenen Pfarrkinder am Grab mit Liedern zur Laute besang. Kein Wunder, wenn man behauptet, eine Beerdigung in Schussenried sei relativ lustiger als die Stuttgarter Fasnacht. Auf diese Stadt Schussenried hat mein verstorbener Freund Herrmann Mostar kurz nach dem Krieg einen der schönsten Schüttelreime gemacht, die ich kenne:

Als Ruth von ihrem Russen schied,
Da ging sie heim nach Schussenried.
Dort drang aus allen Rissen Schutt.
Das Leben ist beschissen, Ruth!

In Oberschwaben bieten die Kirchen Vorstellungen des Welttheaters an. Geistiges wird nicht sinnbildlich, sondern sinnlich greifbar dargestellt. Engel als elegante Hermaphroditen. Gezierte Heilige und Märtyrer, die eher Ballettänzern denn Asketen gleichen. Wollüstig kokett spreizen sie die Zehen. Die übermütigen und flatterhaften Putten sehen nicht so aus, als dienten sie einem autoritären Regime. Licht und Farbe machen den Kirchenraum schwerelos. Früchte, Geranke, Geflecht und Gepflanze lösen die Wände auf. Beichtstühle laden mit Moosfelsen und Palmen geradezu touropäisch zur seelischen Einkehr. In den Deckengemälden öffnet sich ein Paradies der Seligen. Die Grundrisse schwingen im Menuett. Kirchen, Schlösser, Klosterbibliotheken, aus der Landschaft herausgewachsen, in die Landschaft hineingebettet. Land der Madonnen. Die liebste ist mir die von Deuchelried: elegant, schmalhüftig, schwebend, tänzerisch, bei aller Leidenschaft zart. Sie weiß, wie man Gold und Brokat trägt. Die Füße berühren kaum Mond und Schlange, auf denen sie schwebt. Der Sternenkranz ist wie ein modischer Dekor. Die Hände sind beredt. Die Rechte verbirgt den Busen, während die Linke in einer einladenden Bewegung ihrer Wirkung bewußt die Finger spreizt.

All das schildere ich, weil es aus der Landschaft herausgewachsen, weil es übertragbar und beispielhaft ist. Wer sich nicht für Kirchen und Klöster, für musizierende Steine und tanzende Heilige interessiert, möge sich an der Landschaft gütlich tun, welche die Oberschwäbische Barockstraße

säumt: eine Kette von 315 Kilometer Länge, an der gut drei Dutzend Perlen hängen, von denen nur die graziöse Klosterkirche Zwiefalten, die schönste Barockkirche Deutschlands in Steinhausen und das Kloster Weingarten mit seiner wuchtigen Fassade genannt seien. Die Perlenkette ist nach Westen Salem und Birnau zu und nach Osten ins bayrische Ottobeuren beliebig zu verlängern. Während im pietistischen Unterland der Glaube, vom »tiefgrabenden Ernst« getragen, den »bösen Scherzgeist« überwinden sollte, während dort die Erde als Jammertal durchlitten werden muß, widerlegten im Oberland Kunst und Natur diese These, wurde das Evangelium mit Freude verkündet, beschränkte sich die Askese auf die Fastenzeit, folgte auf die innere die äußere Einkehr. Im verträumten, langsam verschilfenden Federsee lebt die köstlichste Fastenspeise, der beste Süßwasserfisch, der Waller. Ihn mit Mandelbutter und Meerrettichrahm zu verspeisen, macht auch den Freitag genüßlich. Wenn ich das Dreieck zwischen Tettnang, Bad Wurzach und Saulgau durchfahre, werde ich immer etwas verdrossen, was bei uns »ogattig« heißt, weil ich dort allein fünf Wirtschaften kenne, in denen zu mahlzeiten fast so unvergeßlich bleibt wie das Lächeln der Madonna von Deuchelried, die den Gast dankbar für die Gaben Gottes macht. Aber man kann doch beim besten Willen zum Mittagsmahl nur einmal dankbeten!

Was es im Oberland zu tun gibt? Durchs Moor wandern, Gräsle und Kräutle beobachten lernen wie der Moormaler Sepp Mahler aus Bad Wurzach. Im Moor baden, entweder in den braunen Schwimmbädern oder in den Heilbädern die Elemente Erde und Wasser vereinigt genießen und wirken lassen. Im Allgäu einen der vielen Badeseen aussuchen, die wie Sommersprossen im anmutigen Gesicht der Morä-

nenlandschaft verteilt sind. Kühe weiden sehen und bimmeln hören. In einer Käserei zugucken, wie der Käse gekocht wird, sich belehren lassen, wie die Löcher ohne Bohren in den Käse kommen — und natürlich ein Mordstrumm Allgäuer Käse, der merkwürdigerweise Schweizer oder Emmentaler heißt, frisch von der Quelle kaufen und es als Mitbringsel heimnehmen. Kässpätzle versuchen — eines der wuchtigsten Gerichte, die ich kenne. Nach Friedrichshafen fahren und das Zeppelinmuseum besichtigen — der Zeppelin, monströse Elefantiasis schwäbischer Tüftelei, Freudsches Symbol. Etwas im Ahnenklatsch forschen und auf den dicken König Friedrich stoßen, der seinen Stallmeister namens Zeppelin so liebte, daß er nach beider Tod die königlichen Gebeine mit denen des Lieblings vermischen lassen wollte. Erlauchten Ahnenklatsch findet man hierzulande genug; sind doch die Habsburger, die Hohenzollern, die Staufer, die Welfen, die Zähringer alemannischen Ursprungs. Das Land erwandern und erfahren. Ein wenig der Geschichte, viel der Kunstgeschichte nachgehen. Persönlichkeiten wie dem Bauernschlächter Jörg von Waldburg und dem Architekten Dominikus Zimmermann nachspüren. Auf einem großzügigen Bauernhof wohnen — denn oberschwäbische Bauern kannten keine Erbteilung; der Gescheiteste behielt den Hof, die weniger Intelligenten wurden Pfarrer oder Lehrer, spöttelt der Oberschwabe HAP Grieshaber.

Wenn ich das Wort Oberschwaben höre, sehe ich sandfarbene Kühe wiederkäuend auf einer Wiese, die von gelbem Löwenzahn gesprenkelt ist. Vollmond, aufgehängt an einem italienischen Himmel über dem Marktplatz von Wangen, auf dem Gotik, Renaissance und Barock ein architektonisches Trio spielen. Goldgeränderte Plusterwolken über

dem fernen Gebiß der Alpen, vor denen der Wind einen lindgrünen Vorhang aus Blütenstaub hochwirbelt. Mit dem Wort Allgäu höre ich die knorrige Sprache der Bauern, den Singsang der Anpreiser, das Quietschen der Ferkel auf einem Markt. Höre den schleppenden Sprechchor alter Frauen das Ave Maria über die Kirchenschwelle tragen. Wenn ich Oberschwaben höre, rieche ich Alpenkräuter, Käse, Weihrauch und frisches Brot. Ich schmecke fleischige Brätknödel in einer kräftigen Rinderbrühe, schmecke den firnen Schnee von den Bergen, von denen der Wind eine Ahnung nach Oberschwaben trägt. Wenn ich Oberschwaben höre, fühle ich Moorboden unter den Schuhen federn. Riedgras an meinen Jeans reiben und kühles Wasser aus Brunnenrohren durch meine Finger rieseln.

Schwäbische Weinprobe

Arbeitsgemeinschaft — welch abstraktes, schaffiges, gemeines Wort für bacchantisches Gewese; stattgefunden im, nein: zu Schloß Neuenstein; gastgegeben von Kraft Fürst zu Hohenlohe-Öhringen. Die »Arbeitsgemeinschaft der Weingüter Württemberg-Baden« behauptet von sich selber, die Wein-Gutsbesitzer zu umfassen, die sich noch nicht an den mächtigen Busen der Genossenschaften geflüchtet haben. Sie bedient sich auch nicht des Slogans »Kenner trinken Württemberger« und der Zeichnung eines Mannes, der, wie ein zu Wohlstand gekommener Fürsorgezögling aussehend, genüßlich etwas aus einem Glase schlabbert. Dem Gesichtsausdruck dieses etikettenverschandelnden Mannes nach könnte es eine Mischung aus Distelöl und Haarwasser sein.

Betrachtet man diese Arbeitsgemeinschaft soziologisch, so kommt man zu dem Schluß, der schwäbische Wein sei wahrlich des Schweißes der Edlen wert, denn ein Herzog, Fürsten, Grafen und Barone zählen in der Mehrzahl darunter und lassen nur noch wenige Plätze für bürgerliche Partner frei wie den Herrn Eisfink in Asperg, der die Welt bis nach Sydney mit dem beliefert, was früher schlicht Schanktisch hieß und heute blitzend technisierte Kühl- und Zapfanlagen sind; für den Herrn Kern in Oberderdingen, der

seinen Wein in echt schwäbischer Untertreibung sündenfürchtend Kernlestee (Hagebuttentee) nennt; und für die Stadt Stuttgart, für die der Besitz von Weinbergen zwar das Prestige hebt, aber den Beutel schwächt, weil dort hinter jedem Weinstock, wie die Konkurrenz lästert, ein kostenaufwendiger Amtsrat sitze.

Zur Arbeitsgemeinschaft gehört auch das Haus Württemberg, dessen Hofkammerweine einen guten Ruf haben. Herzog Carl, der in einer Monarchie als Thronfolger heute König von Württemberg wäre, repräsentiert bei der Weinprobe die Hofkammer; andere Weingutsbesitzer sind die Fürsten Hohenlohe-Öhringen und Hohenlohe-Weikersheim sowie die Grafen Bentzel-Sturmfeder, Adelmann und Neipperg und die Freiherren von Gemmingen, Göler und Weiler. Viele von ihnen stammen teilweise aus älteren Geschlechtern als die Württemberger und waren bis 1806 reichsunmittelbar. Erst Napoleon, der den dicken Friedrich zum König machte, was sich dieser etwas kosten ließ, schlug sie zum und unters Königreich. Während aber zur vielgepriesenen Stauferzeit der fränkische und der schwäbische Adel, des ständig gleichen Friedens und der ständig gleichen Frauen müde, unter dem Vorwand von Kreuzzügen jene gehobenen Kegelausflüge mitmachten, wobei auch gründlich okkupiert, geplündert und gehurt wurde, nährten sich die Württemberger lieber zu Hause redlich, da etwas erheiratend, dort etwas erbend, so daß sie auf legalem Weg ein ansehnliches Herrschaftsgebiet zusammenscharrten und -scharten.

König Wilhelm dem Ersten schließlich waren dann seine Schlösser zu teuer. Er vermachte sie dem Staat, behielt aber den Nießbrauch; deshalb lagern noch heute in den tiefen Kellern des Stuttgarter Alten Schlosses die Weine der Hof-

kammer. Und all die Landesväter, Diplomaten und Feldherren aus den schwäbischen und fränkischen Geschlechtern brachten von ihren Reisen und Feldzügen nebst fremden Frauen auch fremde Reben mit: Trollinger, Traminer, Burgunder, Muskateller. So hat Württemberg eine der farbigsten Weinpaletten aller deutschen Weinlandschaften. Freilich dezimierte die Erbteilung den Besitz an Weingütern, aber heute ist es so, daß nicht mehr die Weinberge, sondern die Flaschen verteilt werden, und an Flaschen bleibt für jeden etwas übrig.
Vor der Weinprobe Schloßbesichtigung. Schloß Neuenstein gehört dem Fürsten zu Hohenlohe-Öhringen; es ist 1610 gebaut worden. Eine Art Hofsänger führt, nicht wie üblich ein Unterdespot; er preist Herrschaft und Schloß mit viel schönen Reden. Zwei Barockengel mit segnend erhobenem Arm werden nutzbringend eingesetzt: Sie halten das Seil, das allzu naseweises Publikum in Schranken hält. Fürst Heinrich August hat eine Schlacht verloren; in seiner Büste ist die Brust blutig aufgerissen und enthält in natura einen Granatsplitter, den er mit ehernem Gleichmut erträgt.
Schließlich beginnt die Weinprobe unter gotischen Spitzbögen; sie ist wie immer ein Rededuell zwischen den Grafen Adelmann und Neipperg, den Herrmann Mostar zum Grafen Kneipperg umgetauft hat. Hier wird man Zeuge, wie der Wein die Zungen seiner Produzenten beflügelt, wie er sie auf Pegasus' Rücken lupft und sie von den Musen beküssen läßt. Das schlägt sich schon im Weinangebot des Grafen Neipperg nieder. Da ist ein Müller-Thurgau aus dem Burgwingert, der »Zur Flasche, Schätzchen!« bittet; da ist ein Riesling Kabinett, von dem der Graf oppositionell behauptet: »Obwohl Kabinettsmitglied, nicht ohne Qualität«; ein Traminer ist »eine feinfleischig flitzende Forelle,

nackelig schnalzend im Bach«, und dessen Spätlese ist gekeltert »aus Trauben mit aristokratischer Eigenschaft: edelfaul«. Seinen Lemberger nennt der Graf einen »zur Ader gelassenen Weinberg«, und der Lemberger Auslese »entrückt aus der Nüchternheit des Alltages in zeitlose Seligkeit«.

Das Trinken und Preisen die Leiter hinauf begann mit einem Schozacher Portugieser des Grafen Bentzel, süffig, herb, flüchtig. Graf Neipperg sagte, über Portugieser wisse er nicht Bescheid; es sei eine despektierliche Bezeichnung. Er stieg über einen weichen, lieblichen Brüssele Muskattrollinger des Grafen Adelmann zu einem schweren Trollinger des Fürsten Hohenlohe-Öhringen Verrenberger Verrenberg, wobei er über die drei schwäbischen Möglichkeiten der Vernichtung meditierte, welche die Vorsilbe *ver* anzeige: verrecken, versaufen, verheiraten.

Der Weinbau wurde zum Spiegelbild unseres Wohlstands herangezogen; das Bewahren der Weinberge, das gleichbedeutend mit Einsparung von Schulen sei, hätten sich alte Familien, die wie perennierendes Unkraut weiterwuchern, zur Aufgabe gemacht. Weiter ging es mit einem Asperger Trollinger, der in großen Jahren große Weine bringt; einem Rosswager Forstgrube Schwarzriesling, schwer und süffig; einem Oberderdinger Kupferhalde mit viel Verspätung: Spätburgunder Spätlese mit Brombeerton, den Graf Neipperg »breit, hinten auf der Zunge und oben auf dem Gaumen maulfüllend« nannte; und schließlich einem Verrenberger Verrenberg Spätburgunder Auslese mit fülligem, überzeugendem Süßton als Krönung der Rotweine.

Graf Adelmann geriet ins Schwärmen, sprach vom Wein als ältestem, kultiviertestem Rauschgift der Menschheit, das die Elemente, die das Jahr beeinflussen, in glorifizierter

Form aufnehme und zurückschenke. »Seien Sie gnädig mit der Hausbackenheit unseres Weines, der sich der europäischen Uniformierung widersetzt.«
Und weiter zum Weißen. Weinproben wirken kalauerfördernd. Riesling, der »mit stolzer Armut prunkt«. Graf Neipperg erzählt, wie früher die Weine bei Nacht zur Ulmer Schachtel, die sie donauabwärts führte, geschmuggelt worden seien, damit sie nicht in die Hände der württembergischen Häscher fielen. Graf Adelmann kontert, wenn Käufer und Häscher gewußt hätten, um welche Qualität es sich handle, wären die Weine wahrscheinlich heute noch in der Kelter. Beim Burg Ravensburger Löchle, Riesling Kabinett, dem rassigen Prototyp eines Weißweins, denkt Graf Neipperg an Götz von Berlichingen, und Graf Adelmann schlägt eine Kreuzung des Ravensburger Löchle mit seinem Brüssele Spitze Süßmund, einem »Wein von spiritueller Eleganz«, zu einem Adelmund Graf zu Süßlöchle vor.
Der Maulbronner Eilfingerberg der Hofkammer wird als ein kolossaler Körper, der die Brust vorwölbt, gepriesen. Am Hornberger Traminer lobt Graf Neipperg die »ölige Breite, die die Zunge im Maul erschlaffen läßt«, und Graf Adelmann schlägt vor, solche Weine solle man als Aperitif reichen statt der mit einem Zahnstocher durchlöcherten und entjungferten Olive, die in Wermut zwangsgebadet werde, was jeden Pflanzenschutzverein auf die Barrikaden treiben müsse.
Als der Brüssele Müller-Thurgau Beerenauslese des Grafen Adelmann verkostet wurde, wunderte sich der Neipperger, daß ein Mann mit so erstaunlich niederem Bildungsgrad so erstaunlich gute Weine zuwege bringe, die selbst den Erzeuger ins Sabbern brächten, und beim Hohenbeilsteiner Schloßgut Riesling Trockenbeerenauslese (162 Öchslegrade)

geriet man ins Transzendentale: Er sei ein Geflecht um den eigenen Glorienschein.

So weit, so gut. So lange, so angerauscht. Als Report begann's; als Mythos endet's. Dionysos ist mein Zeuge: Als ein Muskateller Schwarzriesling und ein Traminer Spätburgunder Eiswein und ein 1980er, den's noch gar nicht gibt, und und und serviert, verkostet und ungeheuer beleidigend besungen wurden — ich weiß es nicht, wer wem einen Handschuh zuwarf. Die Öchslegrade kletterten, die Sabberer wurden zu Poeten. Die Geparden der Hohenloher sprangen aus dem Zwinger, und die Herren warfen sich vor, die Bauern hätten 1525 vergessen, die jeweiligen Vorfahren in Weinsberg durch die Spieße zu jagen, was heute noch sehr abträglich für den Verbraucher sei und und und und.

Der Autor weiß nicht mehr, war es ein Bleistift, mit dem ein Graf den anderen ritzte, war es Blut oder Spätburgunder, was da floß; es begannen sich Haufen zu bilden, die Barone gerieten zuerst aneinander, Graf Neipperg griff den Grafen Adelmann mit einer Hellebarde an, die ihm das trügerische Aussehen eines Nachtwächters verlieh. Helme blitzten, Visiere klappten herunter, der Autor ergriff zu seiner Verteidigung einen mächtigen Morgenstern, eine an einer Kette befestigte, gestachelte Kugel, mit der man gemeinhin Schädel spaltet. Eine Kettenbrücke rasselte herunter. Die Fürsten Hohenlohe gaben sich zunächst gelassen; immerhin schickte der von Öhringen seine schöne Frau vom dräuenden Kampfplatz; eine Trompete schmetterte Alarm; der Herzog von Württemberg empfahl Zurückhaltung, da es sich zunächst um eine Fehde von Duodezfürsten handle; dennoch Massaker, Geschepper der Rüstungen, Klirren der Schwerter richardwagnerisch, Weingutsbesitzer, sich ausrotten wollend. Während der Vertreter der »Esslinger Zeitung«

vergeblich die Unterwerfungsurkunde der Stadt Stuttgart vorwies, flossen Schwarzriesling und Lemberger und Brombeerfarbe und Blut in eins. Und während Hera Herakles säugte, versehentlich mit Wein, während sich Danaes Goldregen in Trollinger verwandelte, während Aphrodite ihren Alabasterleib in Muskateller badete, endet dieser Text, dideldum, dulljöh . . .

Schizophrenes

Schriftsteller — mit Pseudonym

Kurz vor dem Ersten Weltkrieg wurde er geboren. Als er zwölf Jahre alt war, begeisterte er sich für die Jugendbewegung. Als Uniform trug er eine Windjacke, tailliert von einem Koppel, auf dessen Schloß FURCHTLOS UND TREW stand, und einen Pfadfinderhut mit schwarzweißroter Kokarde.

In dieser Zeit machte er auch sein erstes Gedicht, worin er in markigen Klischees das Schicksal Südtirols in welscher Hand beklagte und dessen militante Wiedergewinnung forderte.

Seine Erzieher gaben sich nationalliberal.

Mit sechzehn Jahren war er Kommunist. Vielleicht, weil es schick war. Vielleicht, um seinen Vater zu schockieren.

Das war ums Jahr 1930. Da kam ein neuer Deutschlehrer; er hieß Wolf, hatte im Ersten Weltkrieg als Offizier einen Arm verloren und war Pazifist. Der empfahl ihm, Adolf Hitlers »Mein Kampf« und Alfred Rosenbergs »Mythus des 20. Jahrhunderts« zu lesen. Jenes war ein brutales Buch, in brutalem Deutsch geschrieben, dieses ein verqualmtes, verquollenes, abstruses Geschwafel. Die beiden Bücher machten ihn immun gegen das, was man damals »völkisches Denken« nannte.

Er wollte Journalist werden. Mit achtzehn Jahren begann er

sein Studium und trat einer schlagenden Verbindung bei, in der sich die verkrachten Existenzen für die Machtübernahme rüsteten. Er erinnert sich heute noch an das Extrablatt, das an der Neckarbrücke in Tübingen hing und kundtat, Hitler sei von Hindenburg mit der Kabinettsbildung beauftragt worden. Nach seiner Kenntnis des Buches »Mein Kampf« bedeutete das für ihn die Anwartschaft auf den Heldentod. Er wollte einem politischen Beruf entrinnen, umsatteln, Medizin studieren. Aber seine Eltern rieten ihm, bei der Sache zu bleiben; nichts werde so heiß gegessen wie gekocht.

Der Hausmeister seiner Verbindung, Defraudant und SS-Sturmführer, hängte im Kneipsaal ein Hitlerbild auf. Keiner wagte, dagegen zu protestieren. Als er einer Kneipe präsidierte, schlug er, alkoholisch enthemmt, das Bild mit dem Schläger zusammen, der studentischen Waffe, mit dem der Erstchargierte auf den Tisch schlug, um Silentium zu gebieten. Als er am frühen Morgen aufwachte, fiel ihm der Alkibiades-Frevel ein. Er wollte die Spuren beseitigen, aber der Hausmeister hatte das geschändete Bild schon sichergestellt. Man legte ihm nahe, aus der Verbindung auszutreten.

Er tat es und lebte lange in Angst. Er hatte die Alternative, entweder das Regime zu ertragen, sich zu assimilieren, zu heucheln oder sicherheitshalber verwahrt zu werden, wie es in der Sprache der Machthaber hieß. Er wurde ein widerwilliger Mitmarschierer. Er war intellektuell fähig, die geistige Umweltverschmutzung zu erkennen, aber er wagte es nicht, sich ihr zu widersetzen. Er lernte, sich anzupassen, Maske zu machen, die Menschen in zwei Gruppen einzuteilen: die, vor denen man sich in acht nehmen mußte, und die, mit denen man offen sprechen konnte. Er lernte, sich der

Ironie zu bedienen. Als man ihn einmal zur Rede stellte, weshalb er nicht mit HEIL HITLER grüße, sagte er treuherzig, der Führer stehe für ihn so hoch, daß er seinen Namen nicht vergeblich führen wolle. Hašeks »Abenteuer des braven Soldaten Schwejk« waren damals seine Lieblingslektüre. 1938 schloß er sein Studium ab und wurde zum Militärdienst einberufen. Auf dem Weg zur Kaserne überlegte er noch mit seinem Vetter, ob es nicht besser sei, in die Schweiz zu desertieren. Aber die Furcht vor der gefährlichen Unsicherheit dort war größer als die Angst vor dem sicheren Unheil hier. Der Fahneneid war für ihn ein bewußter Meineid, der indes sein Gewissen nicht belastete. Heuchelei war zum automatischen Selbstverständnis geworden. Nach einem Jahr der Erniedrigung — nur tote Soldaten wurden geehrt, lebende geschunden — begann der Krieg, der ihn bis zum Ende nicht mehr losließ. Er hatte das Glück, nie auf einen Menschen schießen zu müssen. Er hatte das Unglück, Augenzeuge des Unrechts zu sein, sich als Spießgeselle zu fühlen. Er wollte sich nicht vorstellen, daß wir diesen Krieg verlören, weil er fürchtete, daß dann jeder Jasager und Mitmarschierer totgeschlagen würde. Er wurde Offizier. Mit seinen Freunden war er sich einig, daß er auf der falschen Seite stand. Aus Angst vor den Folgen des Sieges hoffte er auf eine Niederlage. Aus Angst vor den Folgen einer Niederlage hoffte er auf ein glimpfliches Ende. Er empfand schizophren. Ein Ende der Diktatur schien ihm undenkbar. Als Ende April 1945 bei einer Offiziersbesprechung ein junger Leutnant einen Major zurechtwies, weil dieser den Hitlergruß gebraucht hatte — »Lassen Sie das doch. Diese Zeiten sind vorbei!« —, und als diese ehrliche Bemerkung mit schweigender Zustimmung geduldet wurde, schämte er sich, weil ein anderer den Mut gehabt

hatte, das laut auszusprechen, wozu er und seine Freunde zu feig waren.
In zwölf Jahren hatte er gelernt, ernste Wahrheiten zu verklausulieren, sie ins Ironische zu übertragen und doppelten Beifalls gewiß zu sein. Es war ungefähr das Gegenteil von dem, was er unter dem Begriff GESINNUNG verstand.
Wieder hatte er Glück. Er war nur kurz in Gefangenschaft, wurde schon im Sommer 1945 entlassen. Entlassen aus der Uniform, aus der Angst, aus dem Doppelspiel. Noch einmal davongekommen. Reiter überm Bodensee. Eigentlich war das Leben zu Ende; was jetzt noch kam, empfand er als ein Geschenk.
Aber er konnte, wenn er schrieb, das Doppelspiel nicht mehr lassen. Er verfremdete Problematisches ins Komische. Er übersetzte Ernstes ins Heitere. Er hatte den Ehrgeiz, seine Leser auf den Leim des Vergnügens kriechen zu lassen und sie über den Umweg des Schmunzelns, Lächelns, Lachens zum Nachdenken zu verleiten. Er maskierte sich zu diesem Zweck mit einem Pseudonym: Peter Puck. Puck als Gruß an eine Freundin, die im »Sommernachtstraum« diese Rolle gespielt hatte. Peter als Hommage für einen Freund, einen Pfeffer- und Salzschnauzer, der ihm in der Zeit der Unmenschlichkeit menschlich begegnet war. Das Pseudonym wurde ihm gestohlen. Er änderte es, machte aus dem Puck den Schlegelschen Troll, aus dem Peter um der Alliteration willen einen Thaddäus. Thaddäus Troll: Mesalliance eines christlichen Märtyrers mit einem heidnischen Waldschrat.
Hatte er sich damit verändert? Oder die Masken, die er zu wechseln gelernt hatte, um eine neue vermehrt? Hatte er mit dem Pseudonym den dialektischen Widerspruch in sich personifiziert? Die Spaltung der Persönlichkeit bei Namen

genannt? Die zwei Seelen in seiner Brust emanzipiert, die siamesischen Zwillinge durch doppelte Buchführung getrennt?

Schriftsteller mit Pseudonym — wollte er sich damit die Möglichkeit permanenten Rollenwechsels, ständiger Veränderungen erhalten? Oder schuf er sich, im Gegenteil, damit einen Vorwand, sich nicht ändern zu müssen, indem er den einen gegen den anderen in einem dauerhaften dialektischen Patt ausspielte?

Der vollzogenen Schizophrenie ward er sich in ihrer komischen Absurdität bewußt, als er eine Sendereihe mit über dreißig Folgen schrieb, die den Titel trug: »Hans Bayer kramt in den Schubladen des Thaddäus Troll«. Trolls Texte wurden dabei von Berufssprechern gelesen und vom kritischen Hans Bayer kommentiert. Mancher Hörer ärgerte sich über diesen nörgelnden Hans Bayer und schrieb ihm, er solle gefälligst den Troll ungeschoren lassen; er könne ihm nicht einmal das Wasser reichen.

Nun, sie sind gezwungen, sich gegenseitig das Wasser zu reichen, miteinander, nebeneinander zu leben. Der eine prüfend, wägend, zaudernd, nachdenklich, der andere selbstsicher, schaustellend, ironisch und wortspielend. Während der eine die Unvollkommenheit der Welt erkennt, gibt ihm der andere keine Gelegenheit, sie zu beklagen; er benutzt den Dualismus, indem er Pol und Gegenpol einander so nahe bringt, daß aus der Spannung der Vis comica die Pointe überspringt, der Funke des Witzes zündet, schwächer, wenn die beiden Pole zu nahe sind, stärker, wenn sie größeren Abstand haben. Der andere ist der Übersetzer und Überwinder des einen, sein Feind zuweilen, sein Pappkamerad, auf den dieser seine Aggressionen einschießt, der Strohsack, in den er das Bajonett sticht,

das Phantom, auf das er losdrischt, der Punchingball, an dem er sich abreagiert. Es ist sein Passivum, aber auch sein Aktivum, wenn er des einen Einsichten umformuliert, des Beifalls vieler Leser ziemlich sicher, Einsichten, die der von Depressionen heimgesuchte Partner in traurigen Stunden gewonnen hat.

Das Pseudonym als Incognito ist zum Cognitum geworden, das den bürgerlichen Namen in den Hintergrund drängt. Ist nur gut, daß niemand weiß. Der andere Autor, der, wenn erfolgreich, vom einen angezweifelt wird: »Ist dein Buch wirklich so schlecht, daß der Erfolg größer ist als die Leistung?« Der eine als Funktionär, als Inhaber von Ehrenämtern, als Gremie, der bei seiner Tätigkeit feststellt, wie sich die Beratungsgruppen, in denen er tätig ist, verändern, und der vom anderen gefragt wird, ob er sich eigentlich auch genügend verändere, ob er wirklich seinen Standort, seinen Standpunkt täglich überprüfe, um ihn täglich wechseln zu können. Der andere progressiv, wenn man darunter das versteht, was mit dem Bestehenden nicht zufrieden ist, links, sich an der Zukunft orientierend und gelegentlich von der Umwelt mit roter Schreckfarbe gebrandmarkt. Der eine ein konservativer älterer Herr mit konventionellen Umgangsformen, der sich für einen Pragmatiker hält, einen, der aus Erfahrungen lernt, was von seinen jungen Kollegen zuweilen als Stein auf ihn geworfen wird.

Hat sich das Pseudonym verselbständigt, wenn es auf der Messe der Publicity feilgeboten wird, während der Träger des bürgerlichen Namens klausnerisch, menschenscheu in seiner Hütte am Wald in erneuter Spaltung janusköpfig in die Zukunft und in die Vergangenheit blickt und die sich augenblicklich verändernde Gegenwart als den Schnittpunkt zwischen Perfektum und Futurum zu begreifen ver-

sucht? Wenn er sich dem Betrachten der Gesellschaft hingibt, die heute Sätze als Diskussionsgrundlage anerkennt, die vor vier Jahren nichts als Betroffenheit und Schweigen ausgelöst hätten? Wenn er aber auch nachdenkt über den Inhalt der Wörter, deren Bedeutung sich fortwährend verändert?

Fragen des anderen an den einen: Wie ist es mit deinem Alter? Läßt mit der Elastizität der Gefäße nicht auch die Elastizität der Intelligenz nach? Verhindert die Versteifung des Rückgrats nicht eine Verneigung vor Neuem, Besserem? Sind zementierte Ansichten nicht bequeme Barrikaden gegen den Ansturm mobilen Zeitgeistes, bilden sie nicht einen behaglichen Ruhesitz, der es erspart, neue Standorte zu beziehen? Vor fünf Jahren noch brachte er eine Flanke über hüfthohe Barrieren fertig. Heute kriecht er darunter durch. Springen ist lustvoller als Kriechen. Kriechen ist bequemer als Springen.

Wenn du es genau nimmst, meint der andere, hast du nie viel Charakter gehabt. Aber vielleicht ist es wichtiger, den Charakter zu ändern, meint der eine, als Charakter zu haben. Und das Springen sollst du auch nicht lassen. Über Barrieren springen, das ist ein Leistungssport, einem älteren Herrn nicht mehr zumutbar. Also spring über deinen Schatten — das ist ein Sport nicht gerade für das Alter, eher gegen das Altern.

sucht? Wenn er sich dem Betrachten der Gesellschaft hingibt, die heute Sätze als Diskussionsgrundlage anerkennt, die vor vier Jahren nichts als Betroffenheit und Schweigen ausgelöst hätten? Wenn er aber auch nachdenkt über den Inhalt der Wörter, deren Bedeutung sich fortwährend verändert?
Fragen des anderen an den einen: Wie ist es mit deinem Alter? Läßt mit der Elastizität der Gefäße nicht auch die Elastizität der Intelligenz nach? Verhindert die Versteifung des Rückgrats nicht eine Verneigung vor Neuem, Besserem? Sind zementierte Ansichten nicht bequeme Barrikaden gegen den Ansturm mobilen Zeitgeistes, bilden sie nicht einen behaglichen Ruhesitz, der es erspart, neue Standorte zu beziehen? Vor fünf Jahren noch brachte er eine Flanke über hüfthohe Barrieren fertig. Heute kriecht er darunter durch. Springen ist lustvoller als Kriechen. Kriechen ist bequemer als Springen.
Wenn du es genau nimmst, meint der andere, hast du nie viel Charakter gehabt. Aber vielleicht ist es wichtiger, den Charakter zu ändern, meint der eine, als Charakter zu haben. Und das Springen sollst du auch nicht lassen. Über Barrieren springen, das ist ein Leistungssport, einem älteren Herrn nicht mehr zumutbar. Also spring über deinen Schatten — das ist ein Sport nicht gerade für das Alter, eher gegen das Altern.